"十三五"国家重点图书出版规划项目
交通运输科技丛书·公路基础设施建设与养护
港珠澳大桥跨海集群工程建设关键技术与创新成果书系
国家科技支撑计划资助项目（2011BAG07B05）

港珠澳大桥
跨界交通管理

Cross-border Channel Operation Management for
Hong Kong-Zhuhai-Macao Bridge

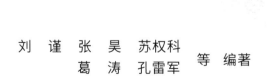

刘　谨　张　昊　苏权科
葛　涛　孔雷军　等 编著

内 容 提 要

本书共分7章,主要阐述了港珠澳大桥运营期实施跨界交通控制与管理的三地联动机制、事件管理程序和信息交换体系,详细说明了跨界通道交通管理紧急事件分类评价体系、跨界交通管理组织体系、三地紧急事件跨界联动救援预案、三地信息交换平台与内容。

本书主要面向大型跨界交通基础设施的设计、建设和管理人员,同时可供从事交通基础设施科研、软件系统开发等工作的人员参考。

Abstract

There are seven chapters in this book, which expounds the mechanism among Hong Kong, Zhuhai and Macao, the event management procedures and the information exchange system in the cross-border traffic control organization of the Hong Kong-Zhuhai-Macao Bridge. In more details, the emergency classification evaluation system, the cross-border traffic control organization structure, the cross-border coordinated rescue plan, the information exchange platform and content are described in this book.

This book is intended for designers, engineers and managers working in large cross-border infrastructure, and is available as references for researchers and software developers engaged in transportation infrastructure.

交通运输科技丛书编审委员会

（委员排名不分先后）

顾　问：陈　健　周　伟　成　平　姜明宝

主　任：庞　松

副主任：洪晓枫　袁　鹏

委　员：石宝林　张劲泉　赵之忠　关昌余　张华庆

　　　　　郑健龙　沙爱民　唐伯明　孙玉清　费维军

　　　　　王　炜　孙立军　蒋树屏　韩　敏　张喜刚

　　　　　吴　澎　刘怀汉　汪双杰　廖朝华　金　凌

　　　　　李爱民　曹　迪　田俊峰　苏权科　严云福

港珠澳大桥跨海集群工程建设关键技术与创新成果书系编审委员会

顾　　　问：冯正霖
主　　　任：周海涛
副 主 任：袁　鹏　朱永灵

执 行 总 编：苏权科
副 总 编：徐国平　时蓓玲　孟凡超　王胜年　柴　瑞

委　　　员：（按专业分组）
　　岛隧工程：孙　钧　钱七虎　郑颖人　徐　光　王汝凯
　　　　　　　李永盛　陈韶章　刘千伟　麦远俭　白植悌
　　　　　　　林　鸣　杨光华　贺维国　陈　鸿
　　桥梁工程：项海帆　王景全　杨盛福　凤懋润　侯金龙
　　　　　　　陈冠雄　史永吉　李守善　邵长宇　张喜刚
　　　　　　　张起森　丁小军　章登精
　　结构耐久性：孙　伟　缪昌文　潘德强　邵新鹏　水中和
　　　　　　　丁建彤
　　建设管理：张劲泉　李爱民　钟建驰　曹文宏　万焕通
　　　　　　　牟学东　王富民　郑顺潮　林　强　胡　明
　　　　　　　李春风　汪水银

《港珠澳大桥跨界交通管理》编写组

组　　长：刘　谨　张　昊　苏权科
副组长：葛　涛　孔雷军
编写人员：于加晴　周永川　孙明玲　杨秀军　邢燕颖
　　　　　赵建东　高星林　施　强　霍　洁　张　建
　　　　　陈　忠　石志刚　陈振伟　王彦林　闫　禹

总 序
General Preface

科技是国家强盛之基,创新是民族进步之魂。中华民族正处在全面建成小康社会的决胜阶段,比以往任何时候都更加需要强大的科技创新力量。党的十八大以来,以习近平同志为总书记的党中央作出了实施创新驱动发展战略的重大部署。党的十八届五中全会提出必须牢固树立并切实贯彻创新、协调、绿色、开放、共享的发展理念,进一步发挥科技创新在全面创新中的引领作用。在最近召开的全国科技创新大会上,习近平总书记指出要在我国发展新的历史起点上,把科技创新摆在更加重要的位置,吹响了建设世界科技强国的号角。大会强调,实现"两个一百年"奋斗目标,实现中华民族伟大复兴的中国梦,必须坚持走中国特色自主创新道路,面向世界科技前沿、面向经济主战场、面向国家重大需求。这是党中央综合分析国内外大势、立足我国发展全局提出的重大战略目标和战略部署,为加快推进我国科技创新指明了战略方向。

科技创新为我国交通运输事业发展提供了不竭的动力。交通运输部党组坚决贯彻落实中央战略部署,将科技创新摆在交通运输现代化建设全局的突出位置,坚持面向需求、面向世界、面向未来,把智慧交通建设作为主战场,深入实施创新驱动发展战略,以科技创新引领交通运输的全面创新。通过全行业广大科研工作者长期不懈的努力,交通运输科技创新取得了重大进展与突出成效,在黄金水道能力提升、跨海集群工程建设、沥青路面新材料、智能化水面溢油处置、饱和潜水成套技术等方面取得了一系列具有国际领先水平的重大成果,培养了一批高素质的科技创新人才,支撑了行业持续快速发展。同时,通过科技示范工程、科技成果推广计划、专项行动计划、科技成果推广目录等,推广应用了千余项科研成果,有力促进了科研向现实生产力转化。组织出版"交通运输建设科技丛书",是推进科技成果公开、加强科技成果推广应用的一项重要举措。"十二五"期间,该丛书共出版72册,全部列入"十二五"国家重点图书出版规划项目,其中12册获得国家出版基金支持,6册获中华优秀出版物奖图书提名奖,行业影响力和社会知名度不断扩大,逐渐成为交通运输高端学术交流和科技成果公开的重要平台。

"十三五"时期,交通运输改革发展任务更加艰巨繁重,政策制定、基础设施建设、运输管理等领域更加迫切需要科技创新提供有力支撑。为适应形势变化的需要,在以往工作的基础上,我们将组织出版"交通运输科技丛书",其覆盖内容由建设技术扩展到交通运输科学技术各领域,汇集交通运输行业高水平的学术专著,及时集中展示交通运输重大科技成果,将对提升交通运输决策管理水平、促进高层次学术交流、技术传播和专业人才培养发挥积极作用。

当前,全党全国各族人民正在为全面建成小康社会、实现中华民族伟大复兴的中国梦而团结奋斗。交通运输肩负着经济社会发展先行官的政治使命和重大任务,并力争在第二个百年目标实现之前建成世界交通强国,我们迫切需要以科技创新推动转型升级。创新的事业呼唤创新的人才。希望广大科技工作者牢牢抓住科技创新的重要历史机遇,紧密结合交通运输发展的中心任务,锐意进取、锐意创新,以科技创新的丰硕成果为建设综合交通、智慧交通、绿色交通、平安交通贡献新的更大的力量!

2016 年 6 月 24 日

序 Preface

2003年,港珠澳大桥工程研究启动。2009年,为应对由美国次贷危机引发的全球金融危机,保持粤、港、澳三地经济社会稳定,中央政府决定加快推进港珠澳大桥建设。港珠澳大桥跨越珠江口伶仃洋海域,东接香港特别行政区,西接广东省珠海市和澳门特别行政区,是"一国两制"框架下粤、港、澳三地合作建设的重大交通基础设施工程。港珠澳大桥建设规模宏大,建设条件复杂,工程技术难度、生态保护要求很高。

2010年9月,由科技部支持立项的"十二五"国家科技支撑计划"港珠澳大桥跨海集群工程建设关键技术研究与示范"项目启动实施。国家科技支撑计划,以重大公益技术及产业共性技术研究开发与应用示范为重点,结合重大工程建设和重大装备开发,加强集成创新和引进消化吸收再创新,重点解决涉及全局性、跨行业、跨地区的重大技术问题,着力攻克一批关键技术,突破瓶颈制约,提升产业竞争力,为我国经济社会协调发展提供支撑。

港珠澳大桥国家科技支撑计划项目共设五个课题,包含隧道、人工岛、桥梁、混凝土结构耐久性和建设管理等方面的研究内容,既是港珠澳大桥在建设过程中急需解决的技术难题,又是交通运输行业建设未来发展需要突破的技术瓶颈,其研究成果不但能为港珠澳大桥建设提供技术支撑,还可为规划研究中的深圳至中山通道、渤海湾通道、琼州海峡通道等重大工程提供技术储备。

2015年底,国家科技支撑计划项目顺利通过了科技部验收。在此基础上,港珠澳大桥管理局结合生产实践,进一步组织相关研究单位对以国家科技支撑计划项目为主的研究成果进行了深化梳理,总结形成了"港珠澳大桥跨海集群工程建设关键技术与创新成果书系"。书系被纳入了"交通运输科技丛书",由人民交通出版社股份有限公司组织出版,以期更好地面向读者,进一步推进科技成果公开,进一步加强科技成果交流。

值此书系出版之际,祝愿广大交通运输科技工作者和建设者秉承优良传统,按照党的十八大报告"科技创新是提高社会生产力和综合国力的战略支撑,必须摆在国家发展全局的核心位置"的要求,努力提高科技创新能力,努力推进交通运输行业转型升级,为实现"人便于行、货畅其流"的梦想,为实现中华民族伟大复兴而努力!

港珠澳大桥国家科技支撑计划项目领导小组组长
本书系编审委员会主任

2016 年 9 月

前言

本书是以国家科技支撑计划"港珠澳大桥跨海集群工程建设关键技术研究与示范"课题五"跨界隧-岛-桥集群工程的建设管理、防灾减灾及节能环保关键技术"的研究成果为基础编著而成的。

港珠澳大桥作为一国两制条件下国内第一条同时连接粤港澳三地的大型跨界通道项目，其交通控制与管理过程中，面临着需要众多部门参与、联合行动需求明显、三地标准差异性及协调难度大等难题，需要一套有效的组织体系和运行机制将各方联结起来，在面对重大、突发的紧急事件时才能快速联动，为用户提供高水平的服务。

本书根据课题研究成果，从跨界交通管理需求、跨界交通事件分类与匹配、跨界交通管理运作机制、跨界交通控制、紧急事件三地联动预案、跨界交通管理信息交换体系等方面，将港珠澳大桥跨界交通控制与管理中的关键问题提取出来，对研究成果进行了梳理和总结，希望能够为其他大型跨界交通基础设施的运营管理提供参考和借鉴。

全书共分7章，具体编写分工如下：全书大纲和编排思路由刘谨、张昊、苏权科、葛涛、孔雷军、赵建东、于加晴共同拟定；第1章由张昊、苏权科、葛涛共同编写；第2章由刘谨、赵建东、于加晴、孙明玲、葛涛、施强共同编写；第3章由高星林、赵建东、杨秀军、张建、陈忠、霍洁共同编写；第4章由刘谨、孙明玲、孔雷军、赵建东、周永川共同编写；第5章由刘谨、赵建东、高星林、施强、霍洁、陈振伟共同编写；第6章由孔雷军、赵建东、杨秀军、邢燕颖、周永川共同编写；第7章由刘谨、于加晴、施强、邢燕颖、石志刚共同编写。刘谨、张昊、苏权科、葛涛、孔雷军、赵建东、高星林对全书进行了校审。

本书的编写单位主要包括港珠澳大桥管理局、交通运输部公路科学研究所、北京交科公路勘察设计研究院有限公司等，另外，在本书的编写过程中，得到了北京交通大学的大力支持，在此表示感谢。

由于编者水平有限，书中难免有疏漏和不妥之处，敬请广大读者和专家批评指正。

作　者
2017 年 12 月

目 录

Contents

第1章 绪论 ·· 1
  1.1 港珠澳大桥及其特点 ··· 1
    1.1.1 港珠澳大桥工程概况 ·· 1
    1.1.2 港珠澳大桥的环境特点 ·· 2
    1.1.3 港珠澳大桥跨界交通管理的特殊性 ································ 3
  1.2 港珠澳大桥跨界交通管理需解决的关键问题 ························· 4
  1.3 国内外跨界(境)交通管理案例分析 ···································· 5
    1.3.1 国外跨境交通管理案例 ·· 5
    1.3.2 国内跨界交通管理案例 ·· 6
    1.3.3 国内外现状分析 ··· 9
  1.4 本书阐述的主要内容 ··· 10
  本章参考文献 ··· 11

第2章 港珠澳大桥交通事件分类分级 ·· 12
  2.1 公路交通事件分类分级概况 ·· 12
    2.1.1 国家公路交通事件分类分级 ······································· 12
    2.1.2 广东省突发事件分类分级 ·· 13
    2.1.3 珠海市突发事件分类分级 ·· 14
    2.1.4 香港特别行政区突发事件分级 ···································· 14
  2.2 典型工程案例突发事件分类分级概况 ································ 15
    2.2.1 杭州湾跨海大桥突发事件分类分级 ······························ 15
    2.2.2 舟山跨海大桥突发事件分类分级 ································ 15
    2.2.3 香港青马大桥突发事件分类 ······································· 15
  2.3 港珠澳大桥危险源辨识与分类 ··· 16
    2.3.1 大桥结构及其附属设施危险源 ···································· 17

2.3.2　隧道结构及其附属设施危险源 ··· 17
　　2.3.3　人工岛结构及其附属设施危险源 ··· 18
　　2.3.4　交通工程设施危险源 ··· 18
　　2.3.5　气候危险源 ··· 19
　　2.3.6　交通运营危险源 ··· 19
　　2.3.7　社会安全危险源 ··· 20
　　2.3.8　环境卫生类危险源 ·· 21
2.4　港珠澳大桥交通事件分类分级 ·· 22
　　2.4.1　设施结构事件 ·· 22
　　2.4.2　交通运营事件 ·· 23
　　2.4.3　灾害气候事件 ·· 23
　　2.4.4　社会安全事件 ·· 24
　　2.4.5　环境卫生事件 ·· 25
本章参考文献 ··· 25

第3章　港珠澳大桥跨界交通管理组织体系与联动模式 ·· 27
3.1　交通管理组织概况 ·· 27
　　3.1.1　国家应急组织体系 ·· 27
　　3.1.2　公路交通管理与应急组织体系 ··· 28
　　3.1.3　广东省交通管理与应急组织体系 ··· 32
　　3.1.4　珠海市交通管理与应急组织体系 ··· 36
　　3.1.5　香港交通管理与应急组织体系 ··· 42
　　3.1.6　澳门交通管理与应急组织体系 ··· 46
　　3.1.7　港珠澳大桥五大类事件涉及相关机构 ··· 47
3.2　港珠澳大桥建设期组织体系 ··· 49
3.3　港珠澳大桥运营期跨界交通管理组织体系 ·· 49
　　3.3.1　港珠澳大桥跨界交通管理联动模式 ·· 49
　　3.3.2　港珠澳大桥跨界交通管理体系架构 ·· 51
　　3.3.3　港珠澳大桥跨界交通管理组织机构与职责 ··· 51
本章参考文献 ··· 54

第4章　港珠澳大桥跨界交通控制 ··· 55
4.1　高速公路交通监控概况 ··· 55
　　4.1.1　国家级高速公路交通监控现状 ·· 55

  4.1.2 广东省高速公路交通监控现状·································57
  4.1.3 香港交通监控现状···57
  4.1.4 澳门交通监控现状···58
 4.2 港珠澳大桥跨界交通控制理念··58
  4.2.1 港珠澳大桥跨界交通控制目标································58
  4.2.2 港珠澳大桥跨界交通控制原则································59
  4.2.3 港珠澳大桥跨界交通分段控制理念························59
 4.3 港珠澳大桥跨界交通控制匹配··60
  4.3.1 跨界车速控制匹配···60
  4.3.2 跨界车道控制匹配···62
  4.3.3 跨界交通控制信息匹配··65
 4.4 港珠澳大桥跨界交通控制··66
  4.4.1 交通控制等级划分方法··66
  4.4.2 交通流量控制措施时效性分析································69
 4.5 港珠澳大桥跨界交通控制流程··72
  4.5.1 事件监测···72
  4.5.2 事件信息发布···73
  4.5.3 交通控制响应···73
  4.5.4 交通控制结束···73
 本章参考文献···75
第5章 港珠澳大桥跨界联动应急处置··76
 5.1 公路交通突发事件应急处置概况··76
  5.1.1 三地应急资源现状···76
  5.1.2 粤港澳现有合作协议···77
  5.1.3 公路交通应急预案体系现状···································78
 5.2 三地联动应急处置内容与原则··81
  5.2.1 三地联动应急处置范围··81
  5.2.2 三地联动应急处置内容··81
  5.2.3 三地联动救援原则···81
  5.2.4 三地联动需求分析···82
 5.3 港珠澳大桥典型事件及其危害··83
  5.3.1 港珠澳大桥气候条件统计分析································83

5.3.2　突发事件危害分析 ·· 84
　　5.3.3　港珠澳大桥典型事件响应分级 ································ 86
5.4　港珠澳大桥联合救援组织及分工 ·· 90
5.5　危险源监控及突发事件预防 ··· 91
　　5.5.1　危险源监控 ·· 91
　　5.5.2　突发事件预防 ··· 93
5.6　港珠澳大桥联合救援流程 ·· 95
　　5.6.1　突发事件信息来源与确认 ····································· 95
　　5.6.2　突发事件分级响应 ·· 98
5.7　港珠澳大桥联合救援预案 ·· 122
　　5.7.1　跨界通道运营管理联合救援总体预案 ···················· 123
　　5.7.2　跨界通道运营管理低能见度联合救援专项预案 ········ 123
　　5.7.3　跨界通道运营管理强风联合救援专项预案 ·············· 124
　　5.7.4　跨界通道运营管理交通事故联合救援专项预案 ········ 125
　　5.7.5　跨界通道运营管理火灾联合救援专项预案 ·············· 126
5.8　港珠澳大桥突发事件下的交通控制预案 ··························· 127
　　5.8.1　跨界交通控制总体预案 ······································ 128
　　5.8.2　低能见度跨界交通控制专项预案 ························· 128
　　5.8.3　强风情况下跨界交通控制专项预案 ······················ 129
　　5.8.4　交通事故下跨界交通控制专项预案 ······················ 130
　　5.8.5　火灾事故下跨界交通控制专项预案 ······················ 131
本章参考文献 ·· 132

第6章　跨界交通管理信息交换体系 ······································ 134
6.1　三地信息交换基础设施概况 ·· 134
　　6.1.1　三地政府机构通信及信息系统 ····························· 134
　　6.1.2　三地公用通信网络接入条件 ································ 135
6.2　三地信息交换体系与机制 ·· 135
　　6.2.1　三地信息交换系统信息发送机制 ·························· 135
　　6.2.2　三地信息交换系统信息接收机制 ·························· 138
　　6.2.3　三地信息交换系统信息澄清机制 ·························· 142
6.3　三地信息交换平台设计 ··· 143
　　6.3.1　信息交换平台设计原则 ······································ 143

  6.3.2 信息交换平台功能需求 …………………………………………………… 144
  6.3.3 信息交换平台技术需求 …………………………………………………… 146
  6.3.4 信息交换平台架构设计 …………………………………………………… 147
本章参考文献 ………………………………………………………………………… 150

第 7 章 跨界交通管理信息交换内容 ………………………………………… 151
 7.1 信息交换的类型 ………………………………………………………………… 151
 7.2 信息交换的手段 ………………………………………………………………… 152
 7.3 日常情况下的三地信息交换 …………………………………………………… 152
  7.3.1 收费管理中的三地信息交换 ……………………………………………… 152
  7.3.2 交通管理中的三地信息交换 ……………………………………………… 152
  7.3.3 安全环保管理中的三地信息交换 ………………………………………… 153
  7.3.4 主体结构及设施维护中的三地信息交换 ………………………………… 154
 7.4 紧急事件下的三地信息交换 …………………………………………………… 154
  7.4.1 危险源监控过程中的信息交换 …………………………………………… 154
  7.4.2 事故报告与处置过程中的信息交换 ……………………………………… 154
  7.4.3 应急响应过程中的信息交换 ……………………………………………… 155
  7.4.4 信息发布过程中的信息交换 ……………………………………………… 156
 7.5 跨界交通控制中的三地信息交换 ……………………………………………… 156
  7.5.1 信息交换事件消息的一般格式 …………………………………………… 156
  7.5.2 设施结构类事件下的三地信息交换 ……………………………………… 157
  7.5.3 交通运营类事件下的三地信息交换 ……………………………………… 159
本章参考文献 ………………………………………………………………………… 163

第1章 绪　　论

1.1 港珠澳大桥及其特点

1.1.1 港珠澳大桥工程概况

港珠澳大桥跨越珠江口伶仃洋海域,是连接香港、珠海、澳门的大型跨海通道工程,是国家高速公路网规划中珠江三角洲地区环线的组成部分和跨越伶仃洋海域的关键性工程。如图1-1所示,港珠澳大桥是由隧、岛、桥组成的跨海交通集群工程,项目全部工程包括海中主体工程、三地接线工程及三地口岸工程。主体工程段自粤港分界线至珠澳口岸,采用双向六车道技术标准,设计速度100km/h,总长约29.6km,总投资约480亿元,包含九洲、江海和青州三座通航斜拉桥,约20km的非通航孔桥,6.7km的海底隧道,以及连接桥梁和隧道的东西两座人工岛。

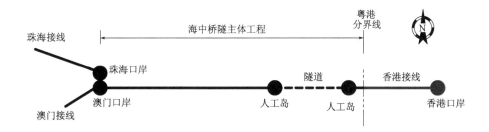

图1-1　港珠澳大桥项目平面示意图

港珠澳大桥全线采用双向六车道高速公路标准建设,设计速度100km/h。桥梁设计荷载采用公路—Ⅰ级,同时满足香港中规定的荷载要求,其余技术指标按《公路工程技术标准》(JTG B01—2014)有关规定执行。主体工程段遵循内地右驾标准,在香港接线的口岸区实现左右驾的转换。

港珠澳大桥隧道段为全长约6 000m的沉管隧道,沉管段长约5 664m,采用节段式管节方案。东、西人工岛岛形呈现"蚝贝"外形,东、西人工岛全长均为625m,其中西人工岛面积97 962m², 东人工岛面积101 973m²。

港珠澳大桥为目前世界上最长的跨海大桥,海底隧道为目前世界上最长的沉管隧道。项目由粤港澳三方共同投资建造,交通控制与协调、事件预警及事故信息收集、突发事件应急处理均涉及粤港澳三地联动,协调性难度大。主体工程跨越中华白海豚国家级自然保护区,环境敏感。

1.1.2 港珠澳大桥的环境特点

1) 自然环境特点

港珠澳大桥桥区属热带海洋性季风气候区。天气特点总体来说温暖潮湿、气温年差不大,降水多,强度大。桥位区处于热带气旋路径上,热带气旋影响十分频繁,据1949—2008年60年间的资料统计,登陆和影响桥位的热带气旋较为频繁,平均每年2次左右,最多时每年可达6次,主要集中在6—10月。正面袭击桥位或对桥位产生严重影响的热带气旋有21次。此外,桥位区域还会遭遇强对流天气带来的龙卷、雷击和短时雷雨大风等灾害性天气。1951—2008年间,桥位附近区域共出现龙卷125次,其中香港共记录到35次水龙卷或陆龙卷,珠海记录到2次龙卷,澳门观测到水龙卷和漏斗云29次。

项目区域年平均气温为22.3~23.1℃,平均降水量为1 800~2 382.7mm,降水主要集中在汛期(4—9月)。

项目区域处于雷电灾害多发区,年平均雷暴日以珠海观测站记录最多,年平均为61.6天。雷暴天气主要集中出现在4—9月,11月至翌年1月较少出现雷暴天气。

项目区域以澳门观测站记录的雾日最多,年平均达19.3天。雾天主要发生在每年的1—4月,其中以3月为最多,平均7.3天。年平均相对湿度为77%~80%,但季节变化明显,春夏季相对湿度可达100%,冬季最小相对湿度只有10%。

项目区域年盛行风向以东南偏东和东风为主,但季节变化明显。珠海气象站和澳门站年平均风速分别为3.1m/s和3.6m/s,香港横澜岛测风站因位于珠江口外的海岛上,其年平均风速达6.6m/s。最大阵风香港天文台记录为71.9m/s,香港横澜岛为65.0m/s,珠海站为44.6m/s,澳门站为58.6m/s。珠海站年平均6级(10min最大风速≥10.8m/s)以上大风日数10.7天,年平均8级(10min最大风速≥17.2m/s)以上大风日数0.96天,年平均10级(10min最大风速≥24.5m/s)以上大风日数0.25天。香港横澜岛年平均6级以上大风日数117.7天,年平均8级以上大风日数8.8天,年平均10级以上大风日数1.24天。澳门记录的年平均6级(1h最大风速≥12.0m/s)以上大风日数6.7天。

桥址区5km范围内历史上没发生过破坏性地震,港珠澳大桥场地范围地震活动水平无论强度和频度都相当低,是一个地震活动相对安全的地段,对港珠澳大桥主体安全有利。

2) 交通状况

港珠澳大桥在工可阶段进行交通量预测时,考虑了道路使用者的承受能力和项目合理收益等因素,给出了三个收费水平方案进行交通量预测,如表 1-1 所示。

分车型收费水平方案(通车年)(单位:元/次)　　　　　　表 1-1

车型	小客车	旅游巴士	货柜车	普通货车
收费方案一	60	180	225	120
收费方案二	150	450	300	225
收费方案三	150	450	415	60

不同方案的交通量预测结果相差较大,尤其是方案三预测的交通量会使道路的服务水平在 2020 年即下降为二级。但从三类方案总体来说,本路开通年交通量较小,全线服务水平均为一级;随着交通量的增长,服务水平逐渐下降;到远景年 2035 年全部路段的服务水平仍能维持在二级水平。由此可见,项目在建成初期服务水平较高,远期随着交通量的增长,服务水平有所下降,但仍能维持在二级的服务水平。

此外,配额制度、收费水平方案、经济预测不确定性等会影响大桥预测交通量。项目工可阶段对各影响因素也进行了定量分析,分析结论见表 1-2,不同配额制度的内容见表 1-3。从分析结果看,配额制度、南沙大桥的建设及收费水平对港珠澳大桥交通量的直接影响较为显著。

各因素对港珠澳大桥 2035 年交通量的影响　　　　　　表 1-2

影 响 因 素	最大影响程度	备　注
配额制度	增加 20.4%	基本配额方案为 1
南沙大桥建设	减少 43.85	南沙大桥与虎门大桥收费相同
收费水平	减少 29.4%	收费方案一为 1
经济预测不确定性	减少 4.7%	贸易额增长率降低 10%

注:影响程度按折算成标准小客车的交通量计算。

各配额方案实施情况　　　　　　表 1-3

方案名称	基本配额方案			无配额方案			一方配额方案		
配额	车辆配额	口岸配额	综合收费	车辆配额	口岸配额	综合收费	车辆配额	口岸配额	综合收费
香港→内地	有	有	无	无	无	有	无	无	无
香港→澳门	有	有	无	无	无	有	无	无	无
内地→香港	有	有	无	无	无	有	无	无	无
澳门→香港	有	有	无	无	无	有	无	无	无

注:综合收费只向小客车收取一定费用;香港与澳门往来只利用港珠澳大桥。

1.1.3　港珠澳大桥跨界交通管理的特殊性

港珠澳大桥作为大型跨界交通基础设施,由于其特殊的地理位置,大桥的交通控制与管理具有鲜明的特点,主要表现为:

(1)整个项目由四部分组成,运营管理工作分属不同的业主单位负责。港珠澳大桥工程连接粤、港、澳三地,根据三地协议,整个港珠澳大桥的建设分为四个部分:海中桥隧主体工程、香港口岸及香港接线、珠海口岸及珠海接线、澳门口岸及澳门接线。海中桥隧主体工程由三地政府共同成立的港珠澳大桥管理局负责建设和运营管理。珠海接线由广东省组织建设,由珠海连接线管理中心负责运营管理。珠海口岸由珠海市政府负责组织建设,由珠海市口岸管理局负责协调管理。澳门口岸及澳门接线由澳门政府负责建设和管理。香港接线及香港口岸由香港政府负责建设,建成后香港接线由香港运输署负责其运营管理。根据三地协议确定的建设和管理方案,并未成立一个实体机构负责整个港珠澳大桥项目的运营管理。

港珠澳大桥是世界级跨海通道。港珠澳大桥的重要地位决定了有效的交通管理机制不仅是人民生命财产安全的有力保障,更关系到三地的持续稳定发展。然而,现有模式和经验中,三地交通管理尚处于各自独立的状态,没有建立起有序的联动机制。因此需要根据港珠澳大桥自身特点建立合理的交通管理机制,协调三地可用资源,共同服务于港珠澳大桥交通管理,在保证港珠澳大桥有序高效运营的同时,对紧急事件进行预防和控制,使其负面影响减少到最低。

(2)港珠澳大桥交通管理涉及粤、港、澳三地众多部门,包括港珠澳大桥管理局、珠海口岸管理局、珠海交警、珠海市公安消防局、珠海市气象局、珠海市海事局、珠海市应急办、香港运输署、澳门交通事务局等。在"一国两制"体制框架下,各部门的运营管理模式存在很大差异,加之港、珠、澳三地在法律、政策、标准方面的不同,想要建立令各部门协同联动的交通管理机制存在很大难度,这一点与内地现有的很多跨界项目运营管理有很大不同。

(3)目前已形成港珠澳大桥建设期管理模式,包括建设期组织体系、运作模式和突发事件管理方案等。在港珠澳大桥建设实践中验证了这些成果是合理、有效的。大桥运营期交通管理模式可以充分继承现有成果,并在其基础上探索出适合项目特殊情况的运营管理模式。

1.2 港珠澳大桥跨界交通管理需解决的关键问题

实现港珠澳大桥跨界交通管理的关键在于:如何在建设期管理体系的基础上建立高效的运营期协调管理机制,突破三地在法律、政策及标准上的差异,使"港珠澳三方+大桥管理局"的"3+1"管理机构能够协同联动,形成一个紧密连接的交通管理整体。建立高效的运营期协调管理机制需要以下四部分工作的支撑:

(1)港珠澳大桥跨界交通管理组织体系与联动模式问题。

在现有交通管理体系与机制的基础上,建立三地跨界交通管理的组织架构与联动模式,需解决跨界交通管理联动模式、跨界交通管理组织体系、跨界交通管理组织机构与职责三个问题。

(2) 港珠澳大桥跨界交通控制的衔接与配合问题。

在现有交通控制的基础上,结合港珠澳大桥自身的交通控制需求,解决跨界交通控制目标与原则、跨界交通控制模式、跨界交通控制匹配方案、流程等问题。

(3) 港珠澳大桥交通事件分类分级及联动响应问题。

分析港珠澳大桥运营风险,解决危险源辨识与分类、交通事件分类分级两个问题。在交通事件分类分级、组织体系与联动模式的基础上,实现联动应急处置,需解决紧急事件救援原则、典型事件响应分级、联合救援组织及分工、突发事件预防与日常监察、联合救援流程等关键问题。

(4) 港珠澳大桥跨界交通管理信息交换问题。

在三地信息互联物理条件的基础上,结合港珠澳大桥跨界交通控制与应急处置的信息交换需求,解决三地信息交换体系与机制、信息交换平台、信息交换内容及规范等问题。

1.3 国内外跨界(境)交通管理案例分析

1.3.1 国外跨境交通管理案例

1) 厄勒海峡通道

厄勒海峡通道连接丹麦首都哥本哈根和瑞典马尔默市,全长16km,由西侧的海底隧道、中间的人工岛和跨海大桥三部分组成。西侧的海底隧道长4 050m,位于海底10m以下,由5条管道组成,分别是两条火车道、两条双车道公路和一条疏散通道。中间的人工岛长4 050m,将两侧工程连在一起。东侧的跨海大桥长7 845m,上为四车道高速公路,下为对开铁路。

厄勒海峡通道的所有权属于厄勒海峡集团公司(Øresundsbro Konsortiet,简称ØSK)。ØSK是瑞典和丹麦两国具有同等所有权的跨国公司,由瑞典的AB公司(Svensk-Danska Broförbindelsen SVEDAB AB)和丹麦的A/S公司(A/S Øresund)所组成。ØSK负责厄勒海峡通道,包括厄勒海峡大桥的设计、施工、运营和收费。

厄勒海峡通道的交通管理遵守两国的法律规定,对于处置突发事件时出现的跨境问题,两国还制定了专门的规则。厄勒海峡通道项目是由隧-岛-桥组成的集群工程,涉及两国不同的法律、语言与文化差异,在处置突发事件时两国也有不同的流程,但通过组建"一个公司"、制订"一套规则"来解决联动协调的问题以及融合这些差异性。

在厄勒海峡通道的运营管理中,也有联勤单位的参与,包括警察、救援、医疗和铁路管理机构。所有参与单位每年定期召开会议,沟通协调运营中遇到的各种实际问题。

2) 英法海底隧道

英法海底隧道是一条连通英伦三岛和法国的铁路隧道,于1994年5月6日开通,由欧洲隧道集团统一经营管理。它由三条长约51km的平行隧洞组成,其中海底段的隧洞长度约为38km,隧道的中点是两国的边界。

英法海底隧道安全管理的重心在于火灾事故预防及快速救援。为此,英法两国组建了两类救援队伍:一线反应部队和二线反应部队。对于一线反应部队,英方配备了8人,主要负责车站的消防安全;法方配备了11人,主要负责隧道内的消防安全。二线反应部队平时驻扎在隧道边界外的消防站,当要求二线反应部队反应时,不管事故位于哪国国界,二线反应部队都将迅速提供救援。救援流程可描述为:二线反应部队立即派出6辆消防车,每车4人,赶赴福克斯顿车站边的中间集结站等候车站紧急救援中心调度。如需他们进入隧道增援,则乘坐专用的抢险救援车通过辅助隧道赶往现场。如仍需进一步增援,二线反应部队将再次派出6辆消防车。消防队员可以从辅助隧道或另一条未出事的隧道进入事故现场。

一线反应部队和二线反应部队均制定有应对突发事件的标准程序和预案。隧道事故发生后,第一批抵达现场的一线反应部队负责评判整个事故状况,第一时间向火灾事故管理中心报告,并建立一个前线指挥站,负责协调隧道内的救援行动和通信。一线反应部队的指挥官自然成为现场指挥官,到场后负责隧道内事故抢险救援的指挥工作。

英法海底隧道系统控制中心由3个控制室组成,其中,一个用于监测公路交通流量;一个用于监视铁路、供电系统以及辅助工厂的情况;一个专门用于处理紧急情况。

英法海底隧道与厄勒海峡通道类似,都通过组建一个公司实现跨境通道的统一运营管理。在突发事件管理方面,英法两国通过联合组建救援队伍并制定统一的突发事件应对标准实现联动协调。

1.3.2 国内跨界交通管理案例

1) 杭州湾跨海大桥

杭州湾跨海大桥于2008年5月1日建成通车,是一座横跨中国杭州湾海域的跨海大桥,它北起浙江嘉兴海盐郑家埭,南至宁波慈溪水路湾,全长36km,其中桥长35.7km,双向六车道高速公路,设计时速100km,设计使用寿命100年以上。

大桥的运营管理部门分为两个层次:第一层为杭州湾跨海大桥管理局,代表嘉兴市、宁波市两地政府对大桥进行安全监管,以及协调其他政府部门的派出机构(这些派出机构都是杭州湾跨海大桥运营管理的参与方);第二层为大桥业主单位,即宁波市杭州湾大桥发展有限公司(简称业主公司),主要负责杭州湾跨海大桥及相关附属设施和设备的投资、建设、运营、维护、管理。

杭州湾跨海大桥有两个平台:一是联勤平台,以管理局为中心,联合路政、消防、特警、交警、海事和业主公司共同组成联勤单位;二是运营平台,以业主公司为中心,联合养护中心和外包单位等共同组成运营单位。各单位按照规定各司其职,共同维护杭州湾跨海大桥的运营安全。

杭州湾跨海大桥制定了应对多种突发事件的应急预案,并定期组织应急演练。大桥运营单位与当地气象部门也有密切联系,可以及时获取气象信息。

在杭州湾跨海大桥紧急事件救援系统中,大桥管理部门对收集的相关信息及时进行分析预测,及时发布预警信息,采取相应措施,做到早发现、早报告和早处置,主要包括两部分:

预警信息按规定及时向社会公布。信息包括预警大桥突发事件类别、级别、区域或场所、起止时间、影响及应对措施等内容。预警信息动态发布,随时更新。

加强对全桥区域的监控,及时通知交警、路政、海事等单位实施道路、海上交通管制,必要时采取封桥、封航措施。

同时,杭州湾跨海大桥紧急事件救援系统对紧急事件信息收集与报送的流程、内容和方式进行了详细规定。

在流程方面,一旦发生突发事件,大桥管理中心接报后应在规定时间内将有关信息报告各地交通主管部门、政府等有关单位。

在内容上,信息上报的内容应当包括事件发生时间、地点、原因、目前道路交通状况、事件造成损失及危害、判定的响应级别、已经采取的措施、工作建议以及预计恢复交通的时间等各类情况。此外大桥管理局应当在第一时间向社会发布大桥交通简要信息,随后发布初步核实情况、政府应对措施和公众须采取的防范措施等,并根据事件处置情况做好后续发布工作。对外发布的有关信息应当及时、准确、客观、全面。

在方式上,可由多途径收集事件相关信息,包括来自交通、海事、气象、公安、卫生、旅游等部门的信息,及时通报各成员单位;利用大桥管理局自身监测系统,收集大桥现场信息;及时受理突发事件报警信息。信息上报可通过电话、传真、政府信息网传输等方式,紧急情况下立即通过电话上报。大桥突发事件的信息发布,由大桥管理局会同各地政府相关部门组织实施。按照规定的信息发布程序,统一、准确、及时向公众发布,必要时设立新闻中心。

2) 舟山跨海大桥

舟山跨海大桥(又名舟山大陆连岛工程),是国家高速公路网甬舟高速公路(G9211)的重要组成部分。舟山跨海大桥由浙江省交通投资集团投资建设,2009年12月25日大桥正式通车。

舟山跨海大桥的运营管理与杭州湾跨海大桥类似,也是采用两级管理架构:舟山跨海大桥管理局、浙江舟山跨海大桥有限公司管理处。

舟山跨海大桥管理局受舟山市人民政府、宁波市人民政府委托,负责对大桥经营主体安全责任落实情况进行监督管理,组织、协调、监督大桥各相关行政管理部门职能的行使,对大桥应急状况的处置进行统一协调。各相关行政管理部门服从大桥管理局的统一协调和监督管理。浙江舟山跨海大桥有限公司具体负责大桥的安全和运营管理工作。其他联勤单位还包括舟山、宁波两地的交警、消防、派出所、路政、海事等单位。其中舟山派出所、舟山消防中队、交警中队、路政大队在管理处设有办公地点。此外,浙江省还出台了专门的管理办法,明确了各单位的职责和分工。

舟山跨海大桥也制定了完善的应急预案体系,与气象部门也保持紧密联系,可以及时获取气象信息。

舟山跨海大桥就紧急事件救援建立了一套完善的交通综合信息交换体系,在该体系中参与信息交换的相关单位和部门包括政府部门,以及和运营管理有关的业主单位、宣传、行业主管、公安、海事、安监、环保、水利、气象、港务、武警、消防等机构。

3)青岛胶州湾大桥和海底隧道

青岛胶州湾大桥是我国自行设计、施工、建造的特大跨海大桥,是国家高速公路网 G22 青兰高速公路的起点段,东起青岛主城区黑龙江路杨家群入口处,跨越胶州湾海域,西至黄岛红石崖,路线全长新建里程 28.047km。整个胶州湾大桥工程包括沧口、红岛和大沽河航道桥、海上非通航孔桥和路上引桥、黄岛两岸接线工程和红岛连接线工程、李村河互通、红岛互通以及青岛、红岛和黄岛三个主线收费站及配套管理设施。2010 年 12 月 22 日青岛胶州湾大桥主桥贯通,2011 年 6 月 30 号下午 14 点正式通车。

青岛胶州湾隧道穿越胶州湾湾口海域,隧道全长 7 800m,分为陆地和海底两部分,海底部分长 3 950m,双向六车道。

青岛胶州湾大桥和海底隧道均处于青岛市范围内,与本书探讨的跨界交通基础设施有所不同,但青岛市对于这两个重要工程的安全管理所做的工作值得借鉴和学习:青岛市对于胶州湾大桥和海底隧道项目非常重视,专门对全市的应急管理系统进行了新的规划和调整,把胶州湾大桥和海底隧道的信号均接入了市应急办,从而将这两个项目的应急处置纳入了全市的应急体系中。

4)深港西部通道(深圳湾大桥)

深港西部通道工程连接深、港两地,是深港两地间重要的跨界陆路通道,整个工程由三部分组成:深圳湾公路大桥、深港"一地两检"口岸,以及两侧接线工程。深圳湾公路大桥全长 4 770m,为双向六车道高速公路标准,香港段长约 3 170m,深圳段长约 1 600m。

根据深港两地政府的协议,深圳湾大桥工程建成后,整个公路大桥段的运营管理纳入香港管辖范围并适用香港有关法律。该项目需要两地联合运作的工作主要集中在口岸区,主要涉及三个层级:第一层级为深圳湾口岸深港联合协调小组,由深方成员与港方成员共同组成,主要负责监管其下属小组的工作,并协调解决小组上报的争议及问题;第二层级为深圳湾口岸联合工作小组,由深方成员与港方成员共同组成,主要负责协商、协调深圳湾口岸运作中重大、突发事件的处理,并将工作中遇到未能解决的争议或问题以及重大的情况,报请"联合协调小组"处理或确认;第三层级为口岸运作专责小组(隶属联合工作小组),同样由深方成员与港方成员共同组成,主要负责深圳湾口岸日常运作中需要双方协商解决的突发和紧急事件。深方及港方成员均设有联络员岗位,负责应急处置时的需求传达及信息实时交互。

深港两地为口岸的联合运作制定了完善的预案体系,并定期组织演练。深港西部通道的跨界交通控制措施,由联合协调小组负责决策,由香港方面负责具体管理和处置,故桥梁段在实际运作中并不涉及跨界问题。

深港西部通道在口岸区实行的"联合工作组 + 内设联络员岗位"联动协调模式,经过多年的实践,为港珠澳项目的跨界协作提供了良好的工作基础,可以被港珠澳项目的跨界交通管理借鉴和发展。

5) 京沈联网收费示范工程

京沈高速公路全长约658km,跨越北京、天津、河北、辽宁四省市。在经过天津、河北的路段上,由于地理位置的特殊性,在不到100km区间内三次跨越省(市)界,密集设置3个省界主线站,高峰期的拥堵问题长期困扰公众出行。2003年在原交通部的主导下实现了京沈高速公路跨省市联网收费,撤并了两个主线站,大大提升了服务水平。

为解决联网收费后通行费拆分结算问题,北京市、天津市、河北省交通主管部门共同组建了管理委员会,下设京沈高速公路联网收费结算管理中心,形成了管委会-结算中心-联网路段的三层管理架构。在结算中心的牵头下,制定了一系列管理制度和结算办法。结算中心定期向管委会汇报工作,管委会定期召开全员大会商讨运营中的重大问题并做出决策。

京沈高速公路虽然不属于大型桥隧工程,但其跨越多个省市,分属多个省市及多个项目业主建设管理的特点与港珠澳大桥非常类似,其联网收费示范工程搭建起来的协调模式和组织架构也能提供很多参考和借鉴意义。

1.3.3 国内外现状分析

在运营管理的组织机构方面:从杭州湾跨海大桥、舟山跨海大桥、深港西部通道等案例可以看出,在跨界通道业主单位之上均组建了代表政府进行协调监管的机构,该机构负责协调联络与安全运营有关的各联勤单位。而厄勒海峡通道和英法海底隧道则是由两国共同组建私人运营公司,并行使业主单位的职责,并按照法律体系的规定与有关社会救援力量共同保障通道的安全运行。但无论业主单位的性质如何,其共同的特点是由一个实体机构负责整个项目的运营管理。

从上述国内外典型跨界(境)通道项目的案例中,可以总结出以下特点:

（1）跨界通道项目都有一个统一的实体机构负责项目的运营管理和维护工作，即项目的业主单位是唯一的。

（2）跨界通道项目都采用分层的组织体系，将日常运营和应对紧急事件涉及的单位都涵盖其中，最上层都有政府部门的参与。

（3）跨界通道项目都有专业的救援力量驻守，例如消防队伍、医疗救护队伍、警察等。

（4）跨界通道项目都会制定专门的应对紧急事件的预案和工作流程。

（5）跨界通道项目都有定期的、全体参与方参加的沟通协调制度，这种制度大多采用定期会议的形式。

从这些案例的共同特点可以看出，港珠澳大桥与这些案例最大的不同在于整个项目的运营管理不是由一个统一的机构负责的，再加上三地法律体系和标准不同，需要探索一种适合的模式将这种差异和多业主的特点进行融合。

1.4 本书阐述的主要内容

港珠澳大桥跨界交通管理的机制问题来源于其自身特点和管理需求，而管理需求主要来自日常管理和处置突发事件两大类。把日常状态看作一类特殊的事件时，则跨界交通管理均可看成是针对不同的事件运作的。针对各类事件的运作将会涉及组织体系与架构、管理机制、管理程序和工作流程，以及管理过程中的各类信息流转与交换等问题。本书围绕如图1-2所示的港珠澳大桥跨界交通管理进行阐述。本书共分为7章，第1章为绪论，第2~7章为本书的主要内容。

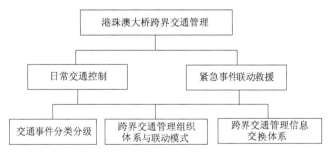

图1-2　本书阐述的主要内容

第1章为绪论。本章介绍港珠澳大桥工程概况及环境特点；通过分析港珠澳大桥跨界交通管理的特殊性提出本书需解决的关键问题；分析跨界交通管理典型案例；介绍本书阐述的主要内容。

第2章为港珠澳大桥交通事件分类分级。本章介绍公路交通事件分类分级现状；从大桥结构及其附属设施、隧道结构及其附属设施、人工岛结构及其附属设施、交通工程设施、气候、交通运营、社会安全、环境卫生八大类进行港珠澳大桥危险源辨识;对港珠澳大桥交通事件进行分类分级。

第3章为港珠澳大桥跨界交通管理组织体系与联动模式。本章介绍交通管理组织现状;探讨港珠澳大桥"专责小组+联络员+工作组成员"三地联动模式;阐述港珠澳大桥跨界交通管理三级组织体系;介绍港珠澳大桥跨界交通管理组织机构及其职责。

第4章为港珠澳大桥跨界交通控制技术。本章介绍交通控制现状;明确跨界交通控制目标与原则;探讨跨界交通分段控制理念;阐述跨界交通控制匹配方案。

第5章为港珠澳大桥跨界联动应急处置技术。本章介绍交通管理应急救援现状;明确三地联动救援范围、内容和原则;分析港珠澳大桥典型事件及其危害,并对典型事件进行响应分级;确定港珠澳大桥联合救援组织及分工;介绍危险源监控及突发事件预防;阐述港珠澳大桥联合救援流程;介绍港珠澳大桥联合救援预案和交通控制预案。

第6章、第7章为跨界交通管理信息交换体系及内容。其中,第6章介绍三地信息交换基础设施,针对三地信息交换的关键问题,探讨三地信息交换体系与机制,并对三地信息交换平台设计进行阐述;第7章阐述三地信息交换的类型和手段,并分别介绍日常情况下、紧急事件下和跨界交通控制中的三地信息交换内容及方案。

本章参考文献

[1] 港珠澳大桥工程可行性研究报告[R].中交公路规划设计院有限公司,华杰工程咨询有限公司,2008.
[2] 方创琳,宋吉涛,蔺雪芹.中国城市群可持续发展理论与实践[M].北京:科学出版社,2010.
[3] 张文尝,马庆裕.城市交通与城市发展[M].北京:商务印书馆,2010.
[4] 杨道匡.围绕港珠澳大桥建成通行的三点思考[J].城市规划,2014,38(S1):49-51.
[5] 严国敏.厄勒海峡大桥的招投标设计与施工[J].国外桥梁,1999(3):1-7.
[6] 吴旗韬,张虹鸥,苏泳娴,等.港珠澳大桥对珠江口两岸经济发展的影响[J].海洋经济,2013(6):96-99.
[7] 宋建陈,百玲.沉管隧道穿越江河海湾的优越性[J].现代隧道技术,2005,42(3):28-30.
[8] Bickel J,Kuesel T. Tunnel Engineering Handbook[M]. New York:Van Nostrand Reinhold Company,1982.
[9] 高速公路丛书编委会.高速公路运营管理[M].北京:人民交通出版社,2000.
[10] 王建勇.中国道路交通和交通管理[M].北京:警官教育出版社,1995.
[11] 香港路政署深港西部通道——设计及建造报告[R].香港路政署,2004.
[12] 田丰,宋小云.港珠澳大桥交通量预测不确定性分析[J].公路,2009(7):286-290.

第 2 章　港珠澳大桥交通事件分类分级

交通事件是港珠澳大桥跨界交通管理的对象，根据事件成因及性质对其分类，有助于我们全面地分析港珠澳大桥交通事件。在此基础上，对各类事件进行分级，使我们能够分清轻重缓急，从而更加有针对性地进行逐级管理。

我国已建立国家、省、市三个层面的一整套公路交通事件分类分级体系。在国家层面，交通运输部制定了公路交通事件分类分级标准，各省市制定了突发事件总体预案，也包括了公路交通事件分类分级相关内容。

港珠澳大桥项目地处广东省，属于珠海市管辖范围，并连接了香港和澳门。大桥交通事件分类分级必须以国家、广东省和珠海市标准为指导，并与香港标准相衔接。本章在国家、广东省、珠海市和香港特别行政区事件分类分级方法的基础上，参考其他工程案例，对港珠澳大桥交通事件进行分类分级。

2.1　公路交通事件分类分级概况

2.1.1　国家公路交通事件分类分级

依据中华人民共和国交通运输部《公路交通突发事件应急预案》，公路交通突发事件是指由下列突发事件引发的造成或者可能造成公路以及重要客运枢纽出现中断、阻塞、重大人员伤亡、大量人员需要疏散、重大财产损失、生态环境破坏和严重社会危害，以及由于社会经济异常波动造成重要物资、旅客运输紧张，需要交通运输部门提供应急运输保障的紧急事件：

（1）自然灾害，主要包括水旱灾害、气象灾害、地震灾害、地质灾害、海洋灾害、生物灾害和森林草原火灾等。

（2）公路交通运输生产事故，主要包括交通事故、公路工程建设事故、危险货物运输事故。

（3）公共卫生事件，主要包括传染病疫情、群体性不明原因疾病、食品安全和职业危害、动物疫情，以及其他严重影响公众健康和生命安全的事件。

（4）社会安全事件，主要包括恐怖袭击事件、经济安全事件和涉外突发事件。

各类公路交通突发事件按照其性质、严重程度、可控性和影响范围等因素，一般分为四级：

Ⅰ级(特别重大)、Ⅱ级(重大)、Ⅲ级(较大)和Ⅳ级(一般)。公路交通突发事件预警级别如表 2-1 所示。

公路交通突发事件预警级别　　　　表 2-1

预警级别	级别描述	事件情形
Ⅰ级	特别严重	1. 因突发事件可能导致国家干线公路交通毁坏、中断、阻塞或者大量车辆积压、人员滞留,通行能力影响周边省份,抢修、处置时间预计在 24h 以上时; 2. 因突发事件可能导致重要客运枢纽运行中断,造成大量旅客滞留,恢复运行及人员疏散预计在 48h 以上时; 3. 因重要物资缺乏、价格大幅波动可能严重影响全国或者大片区经济整体运行和人民正常生活,超出省级交通运输主管部门运力组织能力时; 4. 其他可能需要由交通运输部提供应急保障时
Ⅱ级	严重	1. 因突发事件可能导致国家干线公路交通毁坏、中断、阻塞或者大量车辆积压、人员滞留,抢修、处置时间预计在 12h 以上时; 2. 因突发事件可能导致重要客运枢纽运行中断,造成大量旅客滞留,恢复运行及人员疏散预计在 24h 以上时; 3. 因重要物资缺乏、价格大幅波动可能严重影响省域内经济整体运行和人民正常生活时; 4. 其他可能需要由省级交通运输主管部门提供应急保障时
Ⅲ级	较重	Ⅲ级预警分级条件由省级交通运输主管部门负责参照Ⅰ级和Ⅱ级预警等级,结合地方特点确定
Ⅳ级	一般	Ⅳ级预警分级条件由省级交通运输主管部门负责参照Ⅰ级、Ⅱ级和Ⅲ级预警等级,结合地方特点确定

2.1.2　广东省突发事件分类分级

依据广东省人民政府《广东省突发事件总体应急预案》,突发事件是指突然发生,造成或可能造成严重社会危害,需要采取应急处置措施予以应对的自然灾害、事故灾难、公共卫生事件和社会安全事件。突发事件主要包括以下内容:

(1)自然灾害,主要包括洪涝灾害、气象灾害、地震灾害、地质灾害、海洋灾害、生物灾害和森林火灾等。

(2)事故灾难,主要包括工矿商贸等企业的各类安全事故、交通运输事故、公共设施和设备事故、核与辐射事故、环境污染和生态破坏事件等。

(3)公共卫生事件,主要包括传染病疫情、群体性不明原因疾病、食品安全和职业中毒、动物疫情、饮用水安全及其他严重影响公众健康和生命安全的事件。

(4)社会安全事件,主要包括恐怖袭击事件、民族宗教事件、经济安全事件、网络与信息安全事件、涉外突发事件和群体性事件等。

各类突发事件按照其性质、社会危害程度、可控性和影响范围等因素,一般分为四级:Ⅰ级(特别重大)、Ⅱ级(重大)、Ⅲ级(较大)和Ⅳ级(一般)。

2.1.3 珠海市突发事件分类分级

依据珠海市人民政府《珠海市突发事件总体应急预案》，珠海市主要突发事件分为四大类：

(1) 自然灾害，主要包括气象灾害、海洋灾害、地震灾害、地质灾害、生物灾害、森林火灾等。

(2) 事故灾难，主要包括工矿商贸事故、火灾事故、交通运输事故、公共设施和设备事故、辐射事故、环境污染和生态破坏事件等。

(3) 突发公共卫生事件，主要包括传染病疫情、群体性不明原因疾病、食品安全和职业危害、动物疫病、其他严重影响公众健康和生命安全的事件。

(4) 突发社会安全事件，主要包括恐怖袭击事件、刑事案件、经济安全事件、涉外与港澳台突发事件、群众性事件等。

为了有效处置各类突发事件，依据突发事件可能造成的危害程度、波及范围、影响力大小、人员及财产损失等情况，由高到低划分为特别重大（Ⅰ级）、重大（Ⅱ级）、较大（Ⅲ级）、一般（Ⅳ级）4个级别。

(1) 特别重大突发事件（Ⅰ级）、重大突发事件（Ⅱ级）的具体分级标准参照国务院颁布的《特别重大、重大突发公共事件分级标准（试行）》执行。

(2) 较大突发事件（Ⅲ级）：指突然发生，事态较为复杂，对一定区域内的公共安全、政治稳定和社会经济秩序造成一定危害或威胁，已经或可能造成较大人员伤亡、较大财产损失或生态环境破坏，需要市级力量和资源进行处置的事件。

(3) 一般突发事件（Ⅳ级）：指突然发生，事态比较简单，仅对较小范围内的公共安全、政治稳定和社会经济秩序造成危害或威胁，已经或可能造成人员伤亡和财产损失，只需要区人民政府（横琴新区、经济功能区管委会）的力量和资源就能够处置的事件。

2.1.4 香港特别行政区突发事件分级

香港针对空难、失事飞机、天灾、海空搜索及救援、大亚湾等事件制订紧急应变计划。其中，天灾应变计划对于港珠澳大桥项目更具参考性和相关性。

香港发生的天灾，通常都是由特大的暴雨、风暴潮、雷暴和热带气旋等恶劣天气引致。这些天气情况会严重影响交通和其他基本服务，并会引起水灾、山泥倾泻及其他事故，造成伤亡。海啸是威胁全球沿岸小区的地球物理灾害，但对香港造成重大影响的机会甚微。暴雨警告级别分为：

(1) 黄色警告：表示香港广泛地区已录得或预料会有每小时雨量超过30mm的大雨，且雨势可能持续。

(2) 红色警告：表示香港广泛地区已录得或预料会有每小时雨量超过50mm的大雨，且雨势可能持续。

（3）黑色警告：表示香港广泛地区已录得或预料会有每小时雨量超过 70mm 的大雨，且雨势可能持续。

2.2 典型工程案例突发事件分类分级概况

2.2.1 杭州湾跨海大桥突发事件分类分级

根据杭州湾跨海大桥安全存在的风险和可能发生的灾害，突发事件主要包括：台风、大风、大雾（霾）、结冰、高温、暴雨、大雪和地震、海啸等自然灾害；大桥坍塌、桥梁结构和附属设施损坏、桥面交通运输事故、船舶撞桥、大桥相关区域环境污染等安全生产事故；传染病疫情等公共卫生事件；恐怖袭击、人为破坏、群体性事件等社会安全事件。

按照突发事件的性质、严重程度、可控性和影响范围等因素，杭州湾跨海大桥突发事件分为重大、较大和一般事件三级。

2.2.2 舟山跨海大桥突发事件分类分级

根据舟山跨海大桥安全存在的风险和可能发生的灾害，突发事件主要包括：台风、大风、大雾（霾）、冰冻、高温、暴雨、大雪和地震、海啸等自然灾害；大桥坍塌、桥梁结构和附属设施损坏、桥面交通运输事故、火灾、船舶撞桥、大桥相关区域环境污染等安全生产事故；恐怖袭击、人为破坏、群体性事件等社会安全事件。

按照突发事件的性质、严重程度、可控性和影响范围等因素，舟山跨海大桥突发事件分为特别重大、重大、较大和一般事件四级。

2.2.3 香港青马大桥突发事件分类

香港青马大桥突发事件是指发生在青马管制区或共管区内，需要运营商立即关注并采取相应措施的任何事情或者重大事件。香港青马大桥突发事件分为以下几类：

（1）小事件。包括车辆故障、局部系统失效、路障，以及一些可被清理、不会引起严重交通拥堵的事件。

（2）次要事件。导致双向三车道中的 1 条行车道单方向关闭超过 20min，或者双向三（或者四）车道中的两条行车道单方向关闭不超过 20min 的事件。

（3）重要事件。导致一条道路任意方向任意时间段内的完全封闭，或者双向三车道中只有 1 条行车道（或者双向四车道中只有两条行车道）单方向可用时间超过 20min。

青马管制区将交通事故分为以下四类：

(1) 仅包含损失的交通事故:交通事故中只有车辆或财产损失,不包含人身伤害。

(2) 包含人身伤害的交通事故:交通事故中包含人身伤害,包括致命伤害、严重伤害和轻微伤害。

(3) 造成火灾或化学品泄漏的"仅包含损失的交通事故"或"包含人身伤害的交通事故"类交通事故,应立即通知警务处和消防处。

(4) 发生在大榄隧道共管区或香港铁路有限公司共管区内的交通事故应依据双方签订的相应合作协议进行处理。

青马管制区的恶劣天气状况包括大风、暴雨、雾天。

此外,青马管制区将突发事件定义为运营商合理考虑的任何造成紧急情况的条件或环境。突发事件不包括任何火灾、车辆故障、交通事故或次要交通事件,但是包括以下:

(1) 重大计算机系统错误。

(2) 交通管制及监察系统的严重故障。

(3) 通风系统故障。

(4) 严重电力故障。

(5) 青马管制区内的严重滑坡。

(6) 隧道性能的严重损坏。

(7) 工作人员罢工。

(8) 民众骚乱。

(9) 炸弹威胁。

(10) 高传染疾病,如SARS、大规模流行的流感和禽流感等。

(11) 船舶碰撞汲水门大桥。

2.3 港珠澳大桥危险源辨识与分类

依据《职业健康安全管理体系要求》(GB/T 28001—2011)中的定义,危险源是可能导致死亡、伤害、职业病、财产损失、工作环境破坏或这些情况组合的根源或状态。危险源是事故发生的根源或源头,是隐藏于事故背后的、可能造成损失的内在的或间接的原因。危险源辨识是交通事件应急管理的基础。

为便于对港珠澳大桥上的公路交通事件进行分类分析,可以将港珠澳大桥危险源分为八大类,即大桥结构及其附属设施危险源、隧道结构及其附属设施危险源、人工岛结构及其附属设施危险源、交通工程设施危险源、气候危险源、交通运营危险源、社会安全危险源以及环境卫生危险源。

2.3.1 大桥结构及其附属设施危险源

大桥结构及其附属设施危险源如表2-2所示。

大桥结构及其附属设施危险源　　　　　　　　　　　　表2-2

类别	危险源	危险源可能带来的后果
上部结构(桥跨结构、支座系统)	支座老化、变形或支座座板损坏	导致大桥结构损坏或者坍塌,从而导致交通事故、车辆及人员坠海,出现人员伤亡和财产损失
	主塔内外混凝土有裂缝、漏水	
	斜拉索聚乙烯护套有裂缝,划伤,不锈钢护套油漆脱落,锈蚀	
	钢筋锈蚀及钢桥主体锈蚀	
	梁体裂缝	
	钢箱梁出现裂缝、锈蚀、焊缝出现裂缝脱落等现象	
	斜拉索减震器锈蚀、漏油等病害	
下部结构(桥墩、桥台、墩台基础)	墩台有裂缝、剥落、漏筋、锈蚀等混凝土病害	
	垫石、垫层有破碎、裂缝、锈蚀、翘曲、断裂	
附属构件(伸缩缝、灯光照明、桥面铺装、排水防水系统、栏杆等)	排水系统淤塞	
	路面龟裂、块裂、纵裂、横裂、坑槽、松散、沉陷、车辙、波浪涌包、泛油和修补不良	
	伸缩缝开焊、晃动	
	栏杆、护栏撞坏,锈蚀	
	路肩损坏	
上部结构、下部结构、附属构件(共性问题)	构建表面损坏	
	受有害化学物质侵蚀、受风、海浪、旋涡、地震、海啸等环境因素的外力作用	
	建造时材料不合格、构件疲劳损坏	
	桥梁超龄负载运营、车辆超过原设计、车辆违规超载	

2.3.2 隧道结构及其附属设施危险源

隧道结构及其附属设施危险源如表2-3所示。

隧道结构及其附属设施危险源　　　　　　　　　　　　表2-3

类别	危险源	危险源可能带来的后果
机电设施	通风设施损坏	供风量不足、通风不畅、有害气体超标导致人员安全事故
	供配电设施损坏	高压输电线路破损、线头裸露、电缆断裂等引发的隐患事故
	照明设施损坏	隧道照明不足而导致交通事故

续上表

类　别	危　险　源	危险源可能带来的后果
土建结构	沥青路面龟裂、块裂、纵裂、横裂、坑槽、松散、沉陷、车辙、波浪涌包、泛油和修补不良	导致隧道主体结构及隧道附属设施的破坏，从而导致交通事故、人员伤亡、车辆火灾、爆炸、大面积停电、单向或双向停运等事件
	AMP-PS 防水黏结层被破坏	
	局部冲刷与沉管基底淘空	
	建造时材料不合格、构件疲劳损坏	
	排水系统淤塞	
	隧道出入口、隧道主体结构混凝土开裂和渗水	
	沉管节段接缝漏水	隧道渗入水主要为海水，海水中的氯离子对废水泵及抽升管道有较强的腐蚀性，会缩短设备及管道的寿命
自然因素	海水腐蚀	
	地震灾害	导致隧道主体结构及隧道附属设施的破坏，从而导致交通事故、人员伤亡、车辆火灾、爆炸、大面积停电、单向或双向停运等事件
事故因素	隧道大火	人员伤亡及路产损失，隧道倒塌、设施损坏，长时间封闭导致交通瘫痪
	隧道超龄负载运营、车辆超过原设计、车辆违规超载	导致隧道设施损坏、引发交通事故

2.3.3　人工岛结构及其附属设施危险源

人工岛结构及其附属设施危险源如表 2-4 所示。

人工岛结构及其附属设施危险源　　　　　　表 2-4

危　险　源	危险源可能带来的后果
堤岸混凝土脱落、出现裂缝	导致人工岛结构及其附属设施损坏，从而导致交通事故、人员伤亡、财产损失
路面、路基漏水	
排水渠堵塞	
地基沉降	
人工岛主体结构存在裂缝、侵蚀、分层剥落现象	
坞工结构有分离、风化剥落现象	

2.3.4　交通工程设施危险源

交通工程设施危险源如表 2-5 所示。

交通工程设施危险源 表2-5

表现形式	危险源	危险源可能带来的后果
照明设施损坏	自然老化 自然力破坏 养护不善 人为操作失误 盗窃及恶意破坏 电子显示屏故障	损坏大桥道路附属设施,影响大桥的服务、监控、通信等功能的正常运行,进而影响大桥的交通
收费设施损坏		
监控设施损坏		
通信设施损坏		
供配电设施损坏		
消防救援设施损坏		
避雷设施损坏		
其他	防撞护栏损坏;乱涂乱改标志、标线;标志缺损和标线缺损;标志板丢失;供水管道事故	

2.3.5 气候危险源

气候危险源如表2-6所示。

气候危险源 表2-6

危险源	危险源可能带来的后果
大雾	雾使能见度下降,妨碍驾驶员的视觉与判断力
高温	高温天气影响驾驶员的生理、心理和精神状态,增加汽车自身故障率的提高,同时也容易导致电线、变压器等电力设备因负载大而引发火灾
暴雨	暴雨容易导致轮胎与路面的摩擦系数明显下降、使能见度下降,对行车安全造成极大的影响
雷暴	雷暴天气对交通设施起到直接的破坏作用,对车辆及其电子设备安全也有一定影响
热带气旋(包括台风和强风)	热带气旋对桥梁自身结构有很大的冲击,同时也容易使车辆偏离行车路线而诱发交通事故
灰霾	室内能见度低,污染持续,交通阻塞,事故频发

2.3.6 交通运营危险源

交通运营危险源如表2-7所示。

交通运营危险源 表2-7

类别	危险源	危险源可能带来的后果
人为因素	酒后驾车、超速行驶、违章装载、感知错误、判断错误	易导致突发性交通事故,进而发生交通拥堵及路产损失
	船员的身体状况、知识水平、驾驶技能、思想意识以及驾驶经验等	若驾驶不当,易导致大桥主体及附属设施损坏甚至坍塌,造成一定的经济损失,影响大桥交通运行

续上表

类别	危险源	危险源可能带来的后果
车辆、船舶因素	车辆老化、车辆故障、车辆改装失误	交通量大,一遇突发事件极容易导致道路交通拥堵乃至瘫痪,导致道路交通拥堵、道路单向停运、附属设施及路产损失
	追尾、碰撞、抛锚、逆行、抛洒物、车撞桥梁护栏、车撞隧道侧壁	
	船舶因素(航行操纵设备、助航设备的性能和状况;船舶材料及质量;船体结构、强度、密封性和分舱布置;船舶的吃水、稳性、惯性等)	导致大桥主体结构及附属设施损坏甚至于坍塌、造成一定的经济损失、影响大桥交通运行
设备因素	车辆在收费时发生故障	严重影响收费站出入口的车辆通行,进而导致车辆拥堵
	收费设备出现故障	
服务类因素	服务水平因素(收费员的熟练程度、驾驶员的配合程度)	交通量大,一遇突发事件极容易导致道路交通拥堵乃至瘫痪,导致道路交通拥堵、道路单向停运、附属设施及路产损失
	主线或通道因素;侧接线出口因素;道路线形、横断面、道路路面的抗滑性	
	交通量增长速度高于工程可行性报告中预测	
	交通控制手段落后	
	道路的施工作业	
环境因素	水文条件(流速、流态、涨水、退水)、航道条件(航道宽度、深度、曲率半径、水下障碍物、助航标志)、通航环境(包括通航密度、交通秩序、锚泊条件等)等	导致大桥主体结构及附属设施损坏甚至于坍塌、造成一定的经济损失、影响大桥交通运行
	物质自燃(易燃、易爆品)	

2.3.7 社会安全危险源

社会安全危险源如表2-8所示。

社会安全危险源　　　　　　表2-8

危险源	危险源可能带来的后果
盗窃及破坏安全设施如公里牌、护栏螺栓、消防设施、救援设施等	给安全行车带来了负面影响,进而给大桥运营带来重大损失,损坏大桥主体结构甚至于主体结构坍塌
抢劫、敲诈、设置障碍物	
示威、抗议、游行	
恐怖袭击	
不法分子恶意破坏(纵火、蓄意制造燃油管路故障、电气线路短路、爆炸桥梁、隧道建筑物)	

2.3.8 环境卫生类危险源

环境卫生类危险源如表 2-9 所示。

环境卫生类危险源　　　　　　　　　　　　　　表 2-9

类　别	危　险　源	危险源可能带来的后果
海洋污染	有害化学品及放射性物质泄漏	造成海域污染、大量生物的死亡、破坏当地海域的生态平衡
	生活排污	
	货物倾落海洋	
	坠海车辆、撞击桥墩船舶油泄漏	
白海豚伤害	海洋污染	对白海豚的生存有影响
	船舶行驶	直接造成白海豚伤亡
	爆破施工	使白海豚丧失声音定位系统
大桥工作人员、专业施工人员、驾驶员健康威胁	鼠疫、霍乱、甲型或戊型肝炎、伤寒和副伤寒、肠出血大肠杆菌 O157:H7 感染性腹泻及其他感染腹泻、流行性脑脊髓膜炎、流行性感冒、细菌性和阿米巴性痢疾、流行性出血热、钩端螺旋体病、乙型脑炎或其他病毒性脑炎、疟疾、登革热、食物中毒、炭疽、脊髓灰质炎、麻疹、白喉、急性血吸虫病、急性出血性结膜炎等传染病	导致大桥工作人员及驾驶员感染疫情、中毒，不能正常工作、驾驶，进而引起交通事故、交通拥堵
	环境(水源、大气、公共场所、土壤等)污染事故	
	其他原因不明的疫情或中毒事故	
	硫酸、硝酸、盐酸、氢氧化钠、三氯乙烯、重铬酸盐、三氯甲烷、β-萘胺、铬酸盐、乙醇、醚、甲醛、环氧树脂、尿醛树脂、酚醛树脂、松节油、苯胺、润滑油、对苯二酚等	可能导致的职业病:接触性皮炎
	焦油、沥青、醌、蒽醌、蒽油、木酚油、荧光素、六氯苯、氯酚等	可能导致的职业病:光敏性皮炎
	紫外线	可能导致的职业病:电光性皮炎
	润滑油、柴油、煤油、多氯苯、多氯联苯、氯化萘、多氯萘、多氯酚、聚乙烯	可能导致的职业病:黑变病、痤疮
	铬及其化合物、铬酸盐、铍及其化合物、砷化合物、氯化钠	可能导致的职业病:溃疡
	油彩、高湿、有机溶剂、螨、羌	可能导致的职业病:油彩皮炎、职业性浸渍、糜烂、职业性角化过度、皲裂、职业性痒疹
	摄入含有细菌或细菌毒素的食品	可以起细菌类食物中毒
	摄入被真菌污染过的食物	可引起真菌毒素中毒
	摄入天然含有有毒成分的动物或动物的某一部分当作食品、一定条件下产生了大量的有毒成分的可食的动物性食品	可引起动物性食物中毒
	将天然含有有毒成分的植物或其加工制品当作食品、将未能破坏或除去有毒成分的植物当作食品食用、不当食用大量有毒成分的植物性食品	可引起植物性食物中毒

续上表

类　别	危　险　源	危险源可能带来的后果
大桥工作人员、专业施工人员、驾驶员健康威胁	误食被有毒害的化学物质污染的食品、因添加非食品级的或伪造的或禁止使用的食品添加剂、营养强化剂的食品,以及超量使用食品添加剂而导致的食物中毒、摄入营养素发生化学变化的食品	可引起化学性食物中毒
	高温	容易造成驾驶员及大桥工作人员中暑

2.4　港珠澳大桥交通事件分类分级

在港珠澳大桥危险源辨识的基础上,以国家、广东省、珠海市和香港特别行政区事件分类分级标准为指导,借鉴典型跨海大桥事件分类分级方法,根据事件成因及性质对港珠澳大桥交通事件进行分类,并根据事件严重程度、可控性和影响范围等对各类交通事件进行分级。港珠澳大桥交通事件分为五大类:设施结构事件、交通运营事件、灾害气候事件、社会安全事件和环境卫生事件。

2.4.1　设施结构事件

设施结构事件主要包括路面养护施工、桥梁结构与附属设施养护检修、隧道结构与附属设施养护检修,交通工程机电设施养护检修;重大水电供应事故、(电信、移动、联通)通信管道故障;桥梁、隧道、人工岛主体结构和附属设施损坏,大桥垮塌、隧道漏水;大桥办公区与住宿区火灾;收费系统故障等。

以部分设施结构事件为例,分级情况如表 2-10 所示。

部分设施结构事件分级情况　　　表 2-10

事件种类	级别	程度描述
路面、桥梁、隧道计划性养护施工(小修、中修、大修、改建、抢修)	Ⅰ级	封闭全幅路面的施工作业及交通管制
	Ⅱ级	封闭半幅路面的施工作业及交通管制
	Ⅲ级	占用两条车道且长度超过 2km,或者连续作业时间超过 8h 的施工作业及交通管制
	Ⅳ级	占用 1 条车道且长度超过 2km,或者连续作业时间超过 8h 的施工作业及交通管制
	Ⅴ级	对过往车辆的高度、宽度、长度或轴载等特殊车辆有限制,且连续作业时间超过 1h 的施工作业及交通管制
管道水供应事故	Ⅰ级	管道爆裂,维修时间在 4h 以上
	Ⅱ级	管道小范围漏水,维修时间小于 4h
电供应事故	Ⅰ级	大范围停电,或停电时间持续 4h 以上
	Ⅱ级	局部停电,或停电时间大于 1h 且小于 4h
	Ⅲ级	停电时间小于 1h

2.4.2 交通运营事件

交通运营事件主要包括桥面大交通流量、部分路段(含收费站)异常拥堵;行人、交通运输事故(追尾、碰撞、抛锚、逆行、抛洒物、车撞桥梁护栏、车撞隧道侧壁、翻车);车辆着火;海上交通事件(车辆坠海、船舶撞桥);大桥与口岸结合区交通事件;异常收费事件等。

交通运营事件分级示例如表2-11所示。由于在此一大类事件中,有些事件种类内地与香港分级标准不尽相同,而在实际运营过程中则需要双方相互协调和配合,使交通管控方案能够匹配。为便于比较,本书将内地和香港两地同种类事件的分级情况并列于表2-11中。

交通运营事件分级示例　　　　表2-11

内地事件分级			香港事件分级		
事件种类	级别	程度描述	事件种类	级别	程度描述
部分路段异常拥堵(桥段、隧道)	Ⅰ级	3km以上路段拥堵	交通事故	Ⅰ级	导致两条车道封闭超过20min的交通事故,应尽快恢复受影响路段的交通
	Ⅱ级	2~3km路段拥堵			
	Ⅲ级	1~2km路段拥堵			
	Ⅳ级	1km以下路段拥堵			
侧接线发生拥堵(珠海连接线、香港连接线)	Ⅰ级	拥堵持续时间4h以上			
	Ⅱ级	拥堵持续时间2~4h			
	Ⅲ级	拥堵持续时间1~2h			
	Ⅳ级	拥堵持续时间1h以下			
行人事件	Ⅰ级	大于10人上桥		Ⅱ级	导致两条或以下行车道封闭低于20min的交通事故,应尽快恢复受影响路段的交通
	Ⅱ级	3~10人上桥			
	Ⅲ级	1~2人上桥			
	Ⅲ级	不具有前列两项情形的火灾、爆炸事故			

2.4.3 灾害气候事件

灾害气候事件主要包括因台风、大雾、雨、高温、雷暴、风暴潮、海浪、海啸、灰霾等灾害性气候而影响交通的事件。

灾害气候事件分级示例如表2-12所示。与交通运营类事件类似,由于在此一大类事件中,有些事件种类内地与香港分级标准不尽相同,而在实际运营过程中则需要双方相互协调和配合,使交通管控方案能够匹配。为便于比较,本书将内地和香港两地同种类事件的分级情况并列于表2-12中。

灾害气候事件分级示例 表2-12

事件种类	内地事件分级		香港事件分级	
	级别	程度描述	级别	程度描述
热带气旋（依据《珠海市气象灾害预警信号定义》《香港天灾应变计划》）	Ⅰ级	12h内可能或者已经受台风影响，平均风力可达12级以上，或者已达12级以上并可能持续	Ⅰ级	10号台风（风力现正或预料会达到飓风程度，持续风力达每小时118km或以上，阵风更可能超过每小时220km）
	Ⅱ级	12h内可能受热带气旋影响，平均风力可达10级以上，或阵风11级以上；或者已受热带气旋影响，平均风力为10~11级，或阵风11~12级并可能持续	Ⅱ级	9号台风（烈风或暴风的风力现正或预料会显著加强）
	Ⅲ级	24h内可能受热带气旋影响，平均风力可达8级以上，或阵风9级以上；或者已受热带气旋影响，平均风力为8~9级，或阵风9~10级并可能持续	Ⅲ级	8号台风（香港近海平面处现正或预料会普遍受烈风或暴风从信号所示方向吹袭，持续风力达每小时63~117km，阵风更可能超过每小时180km，且风势可能持续）
	Ⅳ级	24h内可能受热带气旋影响，平均风力可达6级以上，或阵风7级以上；或者已受热带气旋影响，平均风力为6~7级，或阵风7~8级并可能持续	Ⅳ级	3号台风（香港近海平面处现正或预料会普遍吹强风，持续风力达每小时41~62km，阵风更可能超过每小时110km，且风势可能持续）
	Ⅴ级	48h内可能受热带气旋影响	Ⅴ级	1号台风（有一热带气旋集结于香港约800km的范围内，可能影响本港）
能见度（依据《中华人民共和国道路交通安全法实施条例》《香港快速通道运营管理调研报告2009年》《青马管制区管理、运营与维护合同协议》）	Ⅰ级	能见度小于50m	Ⅰ级	能见度小于100m，限速50km/h
	Ⅱ级	能见度小于100m	Ⅱ级	能见度小于250m，限速80km/h
	Ⅲ级	能见度小于200m	Ⅲ级	能见度小于350m，限速100km/h
	Ⅳ级	能见度小于500m		

2.4.4 社会安全事件

社会安全事件主要包括人为制造爆炸、投毒、恐怖袭击、群体性冲击或滞留口岸事件、运营摆渡类车辆罢驶等事件，以及发生在大桥主体上的刑事案件（破坏、偷盗、殴斗等）。

社会安全事件分级示例如表2-13所示。

社会安全事件分级示例 表2-13

事件种类	级别	程度描述
人为恶意破坏事件	Ⅰ级	大桥主体结构坍塌，大桥双向交通中断
	Ⅱ级	大桥主体结构失去承载力，随时可能出现坍塌，必须封桥断路
	Ⅲ级	大桥结构严重损坏，必须封闭单向交通

续上表

事件种类	级别	程度描述
人为恶意破坏事件	Ⅳ级	大桥结构损坏,必须封闭单向两条车道交通
	Ⅴ级	大桥结构损坏,必须封闭单向1条车道交通

2.4.5 环境卫生事件

环境卫生事件主要包括卫生事件(急性职业病、传染病疫情、食物中毒、高温中暑)、有害化学品及放射性物质泄漏、大桥相关区域环境污染、白海豚伤害等事件。

环境卫生事件分级情况如表2-14所示。

环境卫生事件分级情况 表2-14

事件种类	级别	程度描述
海上油污事故	Ⅰ级	储油设施发生大量泄漏,且进入粤港分界线附近海域
	Ⅱ级	储油设施发生大量泄漏,未进入粤港分界线附近海域
	Ⅲ级	储油设施发生少量泄漏,且进入粤港分界线附近海域
	Ⅳ级	储油设施发生少量泄漏,但未进入粤港分界线附近海域
生活排污造成大桥相关区域海洋污染	Ⅰ级	造成人群、大量海洋生物发生明显中毒症状和死亡,或造成海洋环境严重污染与破坏事故发生在粤港分界线附近的Ⅱ级的海洋环境污染与破坏事故
	Ⅱ级	造成个体人员、海洋生物发生明显中毒和受伤,或造成海洋环境较大污染与破坏事故
	Ⅲ级	造成海洋环境一般污染与破坏事故
	Ⅳ级	造成海洋环境轻微污染与破坏事故

本章参考文献

[1] 公路交通突发事件应急预案[Z].北京:中华人民共和国交通运输部,2009.

[2] 中华人民共和国安全生产法[Z].北京:全国人民代表大会常务委员会,2014.

[3] 广东省突发公共事件总体应急预案[Z].广东:广东省政府,2006.

[4] 珠海市突发公共事件总体应急预案[Z].珠海:珠海市人民政府,2005.

[5] 青马管制区管理、运营与维护合同协议[Z].香港:香港运输署.

[6] 宁波市杭州湾跨海大桥突发事件应急预案[Z].杭州:杭州湾跨海大桥管理局.

[7] 朱瑶宏.杭州湾跨海大桥项目施工期风险分析[D].成都:西南交通大学,2004.

[8] 舟山跨海大桥突发事件应急预案(试行)[Z].舟山:舟山市人民政府,2010.

[9] 青岛胶州湾隧道突发事件应急处置预案[Z].青岛:青岛市人民政府,2011.

[10] 洪选华.胶州湾海底隧道典型施工风险评估与研究[D].上海:同济大学,2008.

[11] 港珠澳大桥主体工程建设期HSE综合应急预案[Z].珠海:港珠澳大桥管理局,2011.

[12] 港珠澳大桥主体工程详细设计[Z].北京:中交公路规划设计院有限公司,2010.

[13] Zhang Hao. Study on Grades of Freeway Meteorological Disasters by Risk Matrix [J]. Applied Mechanics and Materials, 2012, 178-181: 2788-2792.

[14] Zhao Jiandong, Chen Xuzhe, Duan Xiaohong, et al. A Bi-level Model for Classification and Quantization of Highway Safety Service Level [J]. Advances in Information Sciences and Service Sciences, 2013, 5(10): 1170-1177.

第 3 章　港珠澳大桥跨界交通管理组织体系与联动模式

交通管理包括日常管理和突发事件下的管理两部分,其核心是保证道路交通安全、高效、有序地运行。港珠澳大桥连接三地的特殊性决定其交通管理的关键在于解决跨界问题,使三地自成体系的交通管理机构能够真正联动起来,共同为大桥的安全运营服务。由于突发事件时效性强且往往对大桥交通造成严重影响,对跨界联动管理的需求更加强烈,因此我们重点关注突发事件下的跨界交通管理和联动应急处置,同时我们将日常情况也作为一类事件进行管理,于是所有的交通管理都可以认为是针对某类事件的管理。

在突发事件应急处置方面,交通运输部建立了四级公路交通事件应急组织体系,国家、广东省、珠海市和香港特别行政区均已建立公路交通突发事件应急组织体系,这些都为港珠澳大桥提供了指导和借鉴。此外,广东、珠海、香港和澳门应急组织机构为港珠澳大桥交通事件管理提供了组织保障。本章在分析国家、广东省、珠海市和香港特别行政区交通管理组织体系和机构的基础上,梳理港珠澳大桥五大类事件所涉及的交通和应急管理部门,并借鉴深圳湾大桥及港珠澳大桥建设期的成功经验,提出港珠澳大桥跨界交通组织体系与联动模式。

3.1　交通管理组织概况

3.1.1　国家应急组织体系

依据《国家突发公共事件总体应急预案》,我国突发公共事件应急组织体系包括:

1) 领导机构

国务院是突发公共事件应急管理工作的最高行政领导机构。在国务院总理领导下,通过国务院常务会议和国家相关突发公共事件应急指挥机构,负责突发公共事件的应急管理工作;必要时,派出国务院工作组指导有关工作。

2) 办事机构

国务院办公厅设国务院应急管理办公室,履行值守应急、信息汇总和综合协调职责,发挥运转枢纽作用。

3）工作机构

国务院有关部门依据有关法律、行政法规和各自职责,负责相关类别突发公共事件的应急管理工作。具体负责相关类别的突发公共事件专项和部门应急预案的起草与实施,贯彻落实国务院有关决定事项。

4）地方机构

地方各级人民政府是本行政区域突发公共事件应急管理工作的行政领导机构,负责本行政区域各类突发公共事件的应对工作。

5）专家组

国务院和各应急管理机构建立各类专业人才库,可以根据实际需要聘请有关专家组成专家组,为应急管理提供决策建议,必要时参加突发公共事件的应急处置工作。

3.1.2 公路交通管理与应急组织体系

依据《公路交通突发事件应急预案》,公路交通应急组织体系由国家级(交通运输部)、省级(省级交通运输主管部门)、市级(市级交通运输主管部门)和县级(县级交通运输主管部门)四级应急管理机构组成,如图3-1所示。

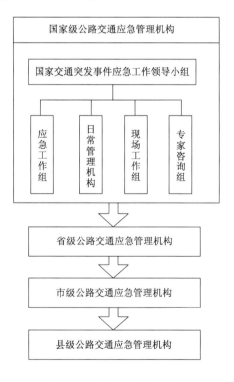

图3-1 公路交通应急组织体系

国家级公路交通应急管理机构主要包括国家交通突发事件应急工作领导小组,下设应急工作组、日常管理机构、现场工作组、专家咨询组等。省级、市级、县级交通运输主管部门可参照《公路交通突发事件应急预案》预案,根据各地的实际情况成立应急管理机构,明确相关职责。

1) 应急领导小组

公路交通突发事件应急工作领导小组(以下简称"应急领导小组")是Ⅰ级公路交通突发事件的指挥机构,由交通运输部部长任组长,分管部领导任副组长,交通运输部内相关司局负责人为成员。日常状态下的职责如下:

(1) 审定相关公路交通应急预案及其政策、规划;
(2) 审定应急经费预算;
(3) 其他相关重大事项。

应急状态下的职责如下:

(1) 决定启动和终止Ⅰ级公路交通突发事件预警状态和应急响应行动;
(2) 负责统一领导Ⅰ级公路交通突发事件的应急处置工作,发布指挥调度命令,并督促检查执行情况;
(3) 根据国务院要求,或根据应急处置需要,指定成立现场工作组,并派往突发事件现场开展应急处置工作;
(4) 根据需要,会同国务院有关部门,制订应对突发事件的联合行动方案,并监督实施;
(5) 当突发事件由国务院统一指挥时,应急领导小组按照国务院的指令,执行相应的应急行动;
(6) 其他相关重大事项。

2) 应急工作组

应急工作组在应急领导小组决定启动Ⅰ级公路交通突发事件预警状态和应急响应行动时自动成立,由交通运输部内相关司局组建,在应急领导小组统一领导下具体承担应急处置工作。应急工作组分为八个应急工作小组:

(1) 综合协调小组:由办公厅主任任组长,公路局、安全与质量监督管理司分管领导任副组长,由办公厅、公路局、安全与质量监督管理司相关处室人员组成。负责起草重要报告、综合类文件;根据应急领导小组和其他应急工作组的要求,统一向党中央、国务院和相关部门报送应急工作文件;承办应急领导小组交办的其他工作。

(2) 公路抢通小组:由公路局局长任组长,公路局分管副局长任副组长,由公路局相关处室人员组成。负责组织公路抢修及保通工作,根据需要组织、协调跨省应急队伍调度和应急机械及物资调配;拟定跨省公路绕行方案并组织实施;负责协调社会力量参与公路抢通工作;拟定抢险救灾资金补助方案;承办应急领导小组交办的其他工作。

(3)运输保障小组:由运输服务司司长任组长,运输服务司分管副司长任副组长,由运输服务司相关处室人员组成。负责组织、协调人员、物资的应急运输保障工作;负责协调与其他运输方式的联运工作;拟定应急运输征用补偿资金补助方案;承办应急领导小组交办的其他工作。

(4)通信保障小组:由科技司司长任组长,办公厅、通信中心分管领导任副组长,由科技司、办公厅、通信中心相关处室人员组成。负责信息系统通信保障工作;负责电视电话会议通信保障工作;保障交通运输部向地方公路交通应急管理机构下发应急工作文件的传真和告知工作;承办应急领导小组交办的其他工作。

(5)新闻宣传小组:由政策研究室司长任组长,政策研究室分管副司长任副组长,由政策研究室相关处室人员及新闻办联络员组成。负责收集、处理相关新闻报道,及时消除不实报道带来的负面影响;按照应急领导小组要求,筹备召开新闻发布会,向社会通报突发事件影响及应急处置工作进展情况;负责组织有关新闻媒体,宣传报道应急处置工作中涌现出的先进事迹与典型;指导地方应急管理机构新闻发布工作;承办应急领导小组交办的其他工作。

(6)后勤保障小组:由机关服务中心主任任组长,机关服务中心分管副主任任副组长,由机关服务中心相关部门人员组成。负责应急状态期间24小时后勤服务保障工作;承办应急领导小组交办的其他工作。

(7)恢复重建小组:由综合规划司司长任组长,公路局、财务司、工程质量监督局分管领导任副组长,由综合规划司、公路局、财务司、工程质量监督局相关处室人员组成。负责公路受灾情况统计,组织灾后调研工作;拟定公路灾后恢复重建方案并组织实施;承办应急领导小组交办的其他工作。

(8)总结评估小组:由公路局局长任组长,由其他应急工作小组、专家咨询组、交通运输部直属科研单位有关人员组成。负责编写应急处置工作大事记;对突发事件情况、应急处置措施、取得的主要成绩、存在的主要问题等进行总结和评估,提出下一步工作建议,并向应急领导小组提交总结评估报告;承办应急领导小组交办的其他工作。

综合协调小组、公路抢通小组、运输保障小组、通信保障小组、后勤保障小组在应急领导小组决定终止Ⅰ级公路交通突发事件预警状态和应急响应行动时自动解散;新闻宣传小组、恢复重建小组、总结评估小组在相关工作完成后,由应急领导小组宣布解散。

3)日常管理机构

交通运输部设立公路网管理与应急处置中心(以下简称"路网中心"),作为国家级公路交通应急日常管理机构,在应急领导小组领导下开展工作。日常状态下的职责如下:

(1)负责国家高速公路网、普通国道干线公路、重要客运枢纽的运行监测及有关信息的收集和处理,向社会发布公路出行信息;

(2) 负责与国务院相关应急管理机构和地方交通运输应急管理机构的联络、信息上传与下达等日常工作；

(3) 拟定、修订与公路交通运输相关的各类突发事件应急预案及有关规章制度；

(4) 指导地方公路交通应急预案的编制和实施；

(5) 组织公路交通应急培训和演练；

(6) 组织有关应急科学技术研究和开发，参加有关的国际合作；

(7) 提出年度应急工作经费预算建议；

(8) 参与公路交通应急规划的编制；

(9) 根据地方公路交通应急管理机构的请求，进行应急指导或协调行动；

(10) 负责督导国家公路交通应急物资储备点建设与管理；

(11) 承办应急领导小组交办的其他工作。

应急状态下的职责如下：

(1) 负责24小时值班接警工作；

(2) 负责接收、处理应急协作部门预测预警信息，跟踪了解与公路交通运输相关的突发事件，及时向应急领导小组提出启动Ⅰ级预警状态和应急响应行动建议；

(3) 负责收集、汇总突发事件信息及应急工作组开展应急处置工作的相关信息，编写应急工作日报；

(4) 根据应急领导小组和应急工作组的要求，负责应急处置的具体日常工作，统一向地方公路交通应急管理机构下发应急工作文件；

(5) 承办应急领导小组交办的其他工作。

4) 专家咨询组

专家咨询组是由公路交通运输行业及其他相关行业工程技术、科研、管理、法律等方面专家组成的应急咨询机构。专家咨询组具体职责如下：

(1) 参与拟定、修订与公路交通运输相关的各类突发事件应急预案及有关规章制度；

(2) 负责对应急准备以及应急行动方案提供专业咨询和建议；

(3) 负责对应急响应终止和后期分析评估提出咨询意见；

(4) 承办应急领导小组或路网中心委托的其他事项。

5) 现场工作组

现场工作组是由应急领导小组按照国务院要求，或发布公路交通运输Ⅰ级预警和响应时，或根据地方交通运输主管部门请求，指定成立并派往事发地的临时机构。当现场工作组由国务院统一组建时，交通运输部派出部级领导参加现场工作组；当现场工作组由国务院其他部门统一组建时，交通运输部派出司局级领导参加现场工作组。现场工作组具体职责如下：

(1)按照国务院的统一部署,参与地方人民政府组织开展的突发事件应急处置工作,并及时向应急领导小组报告现场有关情况;

(2)负责跨省公路交通应急队伍的现场指挥和调度,并保障作业安全;

(3)提供公路交通运输方面技术支持;

(4)协助有关部门开展公路建设工程、道路运输、客货运站安全事故的应急处置工作;

(5)承办应急领导小组交办的其他工作。

6)应急协作部门职责

公路交通突发事件预警和处置,需要有关部门积极配合和共同实施。在突发事件应急响应中,应急管理机构根据突发事件的级别和类型,在国务院应急管理机构的统一领导下,协调相关部门参加应急协作,各协作部门的应急任务分工据其职责而定。

武警交通部队纳入国家应急救援力量体系,作为国家公路交通突发事件专业应急队伍。国家公路交通突发事件应急专业队伍参与公路交通突发事件应急处置工作按国家有关规定执行。

3.1.3 广东省交通管理与应急组织体系

1)广东省应急组织体系

依据《广东省突发事件总体应急预案》,广东省突发事件应急组织体系包括:

(1)领导机构

广东省人民政府是全省突发事件应急管理工作的最高行政领导机关,在省长的领导下,由省政府常务会议和省相关突发事件专项应急指挥机构负责研究突发事件应对工作;必要时,派出省政府工作组指导有关工作。

广东省人民政府按照"精简、统一、高效"的原则设立广东省突发事件应急委员会(以下简称省应急委),作为全省突发事件应急领导机构。

(2)办事机构

广东省府办公厅内设省人民政府应急管理办公室(加挂省应急指挥中心牌子,以下简称省政府应急办),协助省人民政府领导同志协助处置特别重大和牵头处置重大突发事件。

(3)工作机构

省应急委下设省民用核设施核事故预防和应急管理委员会,省防汛防旱防风总指挥部,省突发公共卫生事件应急指挥部,省森林防火指挥部,省安全生产委员会等专项应急指挥机构。

广东省专项应急指挥机构的主要职责:按照省应急委的部署和要求,落实本系统内各项应急措施。

有关部门(单位)依据有关法律、法规和各自的职责,负责相关类别突发事件的应对工作。

(4)地方机构

县级以上人民政府是本行政区域内突发事件应急管理工作的行政领导机关,负责本行政区域各类突发事件的应对工作。

县级以上人民政府设立的应急管理办公室,负责本级应急委日常工作。

乡级人民政府、街道办事处建立健全24小时值班制度,根据需要设立或确定应急管理办事机构。

(5)专家组

各级应急委及其成员单位、专项应急指挥机构根据需要成立应急管理专家组,建立健全专家决策咨询制度。

2)广东省交通运输厅

广东省交通运输厅是主管全省公路和水路交通行业的广东省人民政府组成部门,其主要职责是:

(1)贯彻执行国家和省有关交通运输工作的方针政策和法律法规,起草有关地方性法规、规章草案和政策措施并监督实施,组织拟订公路、水路、地方铁路行业发展规划,参与拟订物流业发展战略和规划,指导公路、水路行业有关体制改革工作。

(2)负责涉及综合运输体系的规划协调工作。会同有关部门组织编制综合运输体系规划,指导、协调交通运输枢纽规划和管理。

(3)承担道路、水路运输市场监管责任。组织制定道路、水路运输有关政策、准入制度、技术标准和运营规范并监督实施,指导城乡客运及有关设施规划和管理工作,指导出租汽车行业管理工作,负责路政、运政和港口管理,负责水路运输、水路运输服务、外轮理货、船舶代理、引航、航道、港口及港航设施建设使用岸线布局的行业管理工作。

(4)负责政府拨款的公路建设资金的监督和管理,协调或参与交通建设资金的筹集,负责厅管交通资金的拨付和监管,会同有关部门拟订公路、水路有关规费政策并监督实施,负责收费公路管理及公路联网收费的组织协调和监管工作。

(5)承担公路、水路、地方铁路建设市场监管责任。组织协调公路、水路、地方铁路有关重点工程建设和工程质量、安全生产及造价的监督管理工作,指导交通运输基础设施管理和维护,承担有关重要设施的管理和维护。

(6)指导公路、水路行业安全生产和应急管理工作,组织实施重点物资和紧急客货运输,负责全省高速公路及重点干线路网运行监测和协调,参与公路、水路有关交通战备工作。

(7)制定交通行业科技政策,组织重大交通科技项目攻关,指导交通运输信息化建设。指导、监督交通行业技术标准和规范的实施,指导公路、水路行业环境保护和节能减排工作。

(8)组织、协调和参与管理公路、水路交通行业利用外资工作,开展对外交流与合作工作。

(9)承办省人民政府和交通运输部交办的其他事项。

3)广东省公安厅

广东省公安厅下设的与交通管理与应急管理相关部门包括:

(1)治安管理局(治安巡警总队)

负责贯彻落实治安管理政策、法律、法规,研究草拟广东省治安管理法规、规章,并指导检查、贯彻落实。指导、监督全省公安机关依法查处违反治安管理的违法行为。指导全省公安机关办理或直接办理治安部门管辖的刑事案件。依法管理枪支弹药、民用爆炸、剧毒、放射性等危险物品。指导全省公安派出所的工作。监督管理和指导全省保安服务组织,指导群众性治安保卫组织开展治安防范工作。指导巡警、特警、水警工作。指导和协调全省公安机关处置群体性事件。组织、指导大型活动的安全保卫工作。指导全省户政管理和常住人口、流动人口服务管理工作,负责居民身份证和居住证管理。指导重点单位、要害部位开展安全防范工作。指导铁路(地铁)、海运、民航、林业等行业公安的业务工作。承办上级交办的其他事项。

(2)交通管理局(交通警察总队)

主要职责是指导、监督道路交通安全管理,分析研究道路交通形势,开展交通安全宣传教育,以及负责对驾驶牌证的管理工作。交通管理局下设综合处、高速公路管理处、秩序管理处、车辆管理处。

(3)刑侦局(刑事警察总队)

主要职责是指导刑事侦查工作,分析研究刑事犯罪情况以及组织、协调或直接侦办重大、特大刑事案件。刑侦局下设综合处、大案要案处、缉毒戒毒处、黑社会犯罪侦查处、刑事技术中心。

4)广东省卫生和计划生育委员会

广东省卫生和计划生育委员会与应急管理相关职责为:

(1)负责统筹规划广东省卫生服务资源配置。

(2)负责疾病预防控制工作,协调有关部门对重大疾病实施防控与干预,组织实施免疫规划工作。制定卫生应急和紧急医学救援预案、突发公共卫生事件监测和风险评估计划,组织和指导突发公共卫生事件预防控制和各类突发公共事件的医疗卫生救援,发布法定报告传染病疫情信息、突发公共卫生事件应急处置信息。

(3)负责制定职责范围内的职业卫生、放射卫生、环境卫生、学校卫生、公共场所卫生、饮用水卫生管理规范、标准和政策措施,组织开展相关监测、调查、评估和监督,负责传染病防治监督。组织开展食品安全风险监测、评估,依法制定并公布食品安全标准,参与食品、食品添加剂及相关产品新原料、新品种的安全性审查。

5) 广东省环境保护厅

广东省环境保护厅与应急管理相关职责为：

(1) 贯彻执行国家和省有关环境保护的方针政策和法律法规，起草环境保护地方性法规、规章草案，拟订并监督实施广东省环境保护标准，组织编制环境功能区划，拟订全省环境保护规划，组织拟订并监督实施重点区域、流域污染防治规划和饮用水水源地环境保护规划，会同有关部门拟订重点海域污染防治规划，参与制订省主体功能区划。

(2) 负责重大环境问题的统筹协调和监督管理。牵头协调重大环境污染事故、生态破坏事件的调查处理和重点区域、流域、海域环境污染防治工作，指导协调全省重大突发环境事件的应急、预警工作，协调解决跨区域环境污染纠纷，指导、协调和监督海洋环境保护工作。

(3) 承担从源头上预防、控制环境污染和环境破坏的责任。受省人民政府委托对重大经济和技术政策、发展规划以及重大经济开发计划进行环境影响评价，对涉及环境保护的法规草案提出有关环境影响方面的建议，按管理权限审批开发建设区域、项目环境影响评价文件，负责建设项目竣工环境保护验收。

(4) 负责环境污染防治的监督管理。制定水体、大气、土壤、噪声、光、恶臭、固体废物、化学品、机动车等的污染防治管理制度并组织实施，会同有关部门监督管理饮用水水源地环境保护工作，组织指导城镇和农村的环境综合整治工作，牵头组织强制性清洁生产审核工作，负责环境监察和环境保护行政稽查，组织实施排污申报登记、排污许可证、重点污染源环境保护信用管理等各项环境管理制度。

(5) 负责民用核与辐射环境安全的监督管理。协助国家监督管理核设施安全，参与民用核事故应急处理，负责辐射环境事故应急处理，监督管理民用核设施、核技术应用、电磁辐射、伴有放射性矿产资源开发利用中的污染防治，参与反生化、反核和辐射恐怖袭击工作。

(6) 负责环境监测和发布环境状况公报、重大环境信息。组织对全省环境质量监测和污染源监督性监测，组织对环境质量状况进行调查评估、预测预警，组织建设和管理广东省环境监测网和环境信息网。

(7) 组织、指导和协调环境保护宣传教育工作。制定并组织实施环境保护宣传教育纲要，开展生态文明建设和环境友好型社会建设的有关宣传教育工作，推动社会公众和社会组织参与环境保护。

6) 广东省海事局

广东省海事局与应急管理相关职责为：

(1) 贯彻和执行国家水上交通安全、航海保障、船舶和水上设施检验、环境保护、海洋管理等方面的法律、法规和规章，实施有关多边与双边国际条约，结合本辖区实际情况，制定实施细则，并监督执行。

(2)管理或负责规定区域内国际航行船舶和国内航行船舶的船舶登记,以及船舶法定配备的操作性手册与文书审核签发工作;负责辖区内外国籍船舶管理工作和审理外国籍船舶(包括港澳地区船舶)进入本辖区未开放水域或港口的申请,并按规定程序上报审批;负责口岸的海事管理工作。

(3)负责辖区航运公司安全与防污染监督管理工作,以及船舶所有人、经营人实施有关法律、法规、国际公约的指导和管理工作。

(4)负责辖区内重大水上交通事故、船舶重大污染事故处置及调查处理的组织、指挥和协调工作;负责组织、指导或具体实施辖区船舶防台、水上搜寻救助及水上交通事故、污染事故、水上交通违法案件的调查处理工作。

(5)管理、指导或具体负责辖区内"船旗国""港口国"和"沿岸国"管理、船舶安全检查、国际航行船舶进出口岸查验、国内航行船舶进出港签证、强制引航监督、船舶保安和防抗海盗、船舶载运危险货物及其他货物的安全监督、靠泊安全监督、防治船舶污染水域监督等工作。

(6)管理、指导或具体负责辖区内"沿岸国"管理、海区(或水域)巡逻、通航环境管理与通航秩序维护、水上水下施工作业审核及监督管理、锚地和重要水域划定、港区岸线使用审核、航行警(通)告发布等工作。

(7)负责船舶港务费、港口建设费、船舶油污损害赔偿基金等非税收入的征收管理工作。

(8)按照授权,负责监督管理或指导规定区域内的船舶及水上设施检验工作;负责南海辖区海上巡航执法和航海保障的行政管理和执法监督工作;负责辖区海事公安工作。

3.1.4　珠海市交通管理与应急组织体系

1)珠海市应急组织体系

依据《珠海市突发事件总体应急预案》,珠海市突发事件应急组织体系包括:

(1)领导机构

珠海市突发事件应急委员会(以下简称市应急委)统一领导全市突发事件应对工作。对于重大和特别重大的突发事件,相关处置工作由市委统一领导。

市应急委主任由市长担任,副主任由市委分管副书记和分管副市长担任,市委、市政府秘书长、分管副秘书长、市各突发事件专项指挥部、珠海警备区、市武警支队等相关部门和有关单位的负责人为成员。

市应急委的主要职责是:

①研究制定全市应对突发事件重大决策和指导意见;

②审定市突发事件总体应急预案;

③组织指挥处置特别重大、重大突发事件;

④在应对突发事件工作中协调与上级、驻珠部队及其他有关部门和单位的关系；

⑤领导区(横琴新区、经济功能区)突发事件应急委员会开展特别重大、重大突发事件的相关应对工作；

⑥分析总结全市年度应对突发事件工作。

（2）办事机构

珠海市突发事件应急委员会办公室(以下简称市应急办)是市应急委常设办事机构，设在市政府办公室，同时挂珠海市委、市政府总值班室和珠海市应急指挥中心牌子，协助市政府领导同志组织处理需由市政府直接处理的突发事件，承担市应急委的具体工作，负责市委、市政府值班工作；根据市应急委的决定，负责规划、组织、协调、指导、检查本市突发事件应对工作及应急管理的预案、体制、机制和法制建设。

珠海市应急指挥中心设有指挥场所并配备相应的设备设施，作为突发事件发生时市应急委的指挥平台。市人防办指挥平台是市应急委备份指挥平台。

（3）专项指挥机构

珠海市应急委设突发事件专项应急指挥部(以下简称市专项指挥部)，包括市安全生产委员会、市食品安全委员会、市三防指挥部、市森林防火指挥部、市突发公共卫生事件应急指挥部、市突发重大动物疫情应急领导小组、市防治红火蚁工作领导小组、市海上搜救中心、市反恐怖工作协调小组、市处理群体性突发事件工作小组、市城市建设管理突发事件领导小组等。市专项指挥部总指挥由分管市领导担任。

市专项指挥部主要职责：

①贯彻落实相关突发事件应对的法律、法规；

②研究制定珠海市应对相关突发事件的政策措施和指导意见；

③具体指挥珠海市相关特别重大、重大突发事件应急处置工作，依法指挥协调或协助区人民政府(横琴新区、经济功能区管委会)开展相关较大、一般突发事件应急处置工作；

④分析总结珠海市突发事件应对工作，制定工作规划和年度工作计划；

⑤负责本指挥部所属应急救援队伍、应急物资的建设和管理等工作；

⑥承担市应急委交办的其他任务。

发生其他突发事件，由分管市领导和市委、市政府分管副秘书长及相关主责单位主要负责同志成立临时应急指挥部，具体负责相关突发事件指挥和处置等应对工作。

珠海市各专项指挥部办公室设在市相关部门，作为市专项指挥部的常设办事机构，负责组织落实本指挥部决定，协调和调动成员单位开展相关突发事件应对工作。

珠海市相关部门分别按照各自职责和业务范围，在市应急委的领导下，具体负责相关突发事件预防、指挥和处置等应对工作。

突发事件处置分工：

①各类突发事件处置牵头部门为主责部门；专项应急预案规定的参与突发事件处置的部门为协作部门；市发改局、市科工贸信局、市财政局、市民政局等单位是处置各类突发事件的保障部门。

②武警珠海市支队和民兵、预备役部队的应急救援任务在各类突发事件应急预案中具体规定。

主责部门应根据实际情况设立或确定应急管理机构，配备专职工作人员；协作部门、保障部门可根据实际情况设立或确定应急管理机构。

（4）专家顾问组

珠海市应急委、各专项指挥部应分别聘请专家，成立突发事件专家顾问组。专家顾问组主要职责是：

①为珠海市中长期公共安全规划、信息系统的建设与管理、灾害科学最新发展趋势的跟踪等方面提供意见和建议；

②对特别重大、重大突发事件的发生和发展趋势、救灾方案、处置办法、灾害损失和恢复方案等进行研究、评估，并提出相关建议；

③为特别重大、重大突发事件相关应急处置工作提供科学有效的决策咨询方案。

（5）区人民政府（横琴新区、经济功能区管委会）应急机构

各区人民政府（横琴新区、经济功能区管委会）建立相应的突发事件应对工作体制机制，成立突发事件应急管理领导机构、办事机构和专项指挥机构。各区人民政府（横琴新区、经济功能区管委会）在市应急委领导下，参与特别重大、重大突发事件相关应对工作，依法参与或指挥协调本地区各类较大、一般突发事件应对工作。

各区（横琴新区、经济功能区管委会）突发事件应急委员会（以下简称区应急委）是区突发事件的领导机构，区应急委主任由区长担任，副主任由区（横琴新区、经济功能区）委分管副书记和分管副区长（经济功能区管委会副主任）担任。各区人民政府（横琴新区、经济功能区管委会）突发事件应急委员会办公室是区（横琴新区、经济功能区）应急委常设办事机构，设在区政府（横琴新区、经济功能区管委会）办公室（党政办），区各专项指挥部办公室设在区（横琴新区、经济功能区）相关部门。

（6）基层应急机构

镇政府、街道办事处设立或确定应急管理机构，配备工作人员，具体组织实施本地区各类突发事件的应对工作。居民委员会和村民委员会等群众自治组织应明确突发事件应对工作责任人，协助政府及有关部门做好突发事件应对工作。其他基层组织和单位在区政府、经济功能区管委会及镇政府、街道办事处指导下开展应急管理工作。

2）珠海市交通运输局

珠海市交通运输局是主管全市公路和水路交通行业的珠海市人民政府组成部门，其主要

职责为：

(1)贯彻执行国家、省、市有关交通运输行业的方针政策和法律法规，起草交通运输行业的地方性法规、规章，拟订有关政策措施，经批准后组织实施。

(2)负责拟订珠海市交通运输发展战略和行业发展规划；组织编制城乡综合交通运输体系规划和交通运输专项规划、港口总体规划及港区、作业区控制性详细规划，经批准后组织实施；参与制定与交通运输行业相关的经济政策和调控措施；参与拟订物流业发展战略和规划；参与大型公共基础设施交通影响评价；承担交通基础设施建设项目的前期工作、后期评价工作及有关规划、收费公路立项的申请报批工作。

(3)负责珠海市行政区域范围内交通运输行业管理，包括城市公共汽车、出租汽车、轨道交通(含地方铁路)、道路运输、水路运输、港口的行业管理，以及本市事权内的航空运输、铁路运输的行业监督管理工作。

(4)承担道路运输、水路运输市场监管责任；组织制定道路、水路运输有关政策措施和运营规范并监督实施；指导城乡客运及有关设施规划和管理工作；负责珠海市公共交通运力投放，协调轨道交通运力投放、线网布局和站场管理工作；负责对城市公共汽车、出租汽车、轨道交通(含地方铁路)、道路运输、水路运输的服务质量和经营行为实施监督管理；负责协调民航业法规、规章的贯彻实施；负责制定地方民航业发展规划；负责珠海市民航业的统筹协调与监督工作；组织制定航空运输业发展政策并监督实施。

(5)负责交通工程质量技术管理工作；组织审查交通基础设施建设工程项目和技改项目的可行性；参与交通科研项目的鉴定和重要研究成果的推广应用；研究解决交通工程设计和施工中的工程技术问题、工程质量事故问题，组织审定关键性的工程技术措施。

(6)承担交通建设市场监督管理责任，组织协调交通运输工程建设、施工许可和工程质量、工程造价及安全监督工作，指导交通运输基础设施管理和维护工作。

(7)负责指导交通运输行业应急管理工作，负责组织协调国家重点物资、紧急物资、特种物资以及军事、抢险救灾物资的运输工作；负责交通运输应急指挥、应急处置；负责国防交通战备的组织、协调管理，参与国防交通保障设施规划建设工作。

(8)制定交通科技政策和交通信息化发展规划；组织重大交通科技项目攻关；承担交通信息化项目的规划建设、推广应用和监督管理；指导、监督交通运输行业技术标准和规范的实施；指导交通运输行业环境保护和节能减排工作；组织开展交通运输对外交流与合作工作。

(9)负责协调交通运输行业安全生产工作；参与交通运输行业安全生产事故的调查处理工作；负责交通运输行业统计工作。

(10)负责行政检查、行政处罚、行政强制等交通运输综合行政执法工作；指导交通运输业依法行政和普法教育工作；负责公路"三乱"的治理工作。

(11)指导公路养护和农村公路建设、管理工作。

3) 珠海市公安局

珠海市公安局的主要职能是：

(1) 维护全市社会政治、治安稳定，预防、制止和侦查违法犯罪，制止危害社会治安秩序的行为；

(2) 维护交通安全和交通秩序，处理交通事故；

(3) 组织实施消防工作，实行消防监督；

(4) 管理枪支弹药、管制刀具和易燃易爆、剧毒、放射性危险品；

(5) 对法律、法规规定的特种行业进行管理；

(6) 警卫国家规定的特定人员，守卫重要的场所和设施；

(7) 管理集会、游行、示威活动；

(8) 管理户政、国籍、出入境事务和外国人在中国境内居留、旅游的有关事务；

(9) 维护国(边)境地区的治安秩序；

(10) 负责看守所、拘留所、收教所、强制戒毒所的管理工作；

(11) 监督管理计算机信息系统的安全保护工作；

(12) 指导和监督国家机关、社会团体、企事业组织和重点建设工程的治安保卫工作，指导治安保卫委员会等群众性组织的治安防范工作。

珠海市公安局下设的与交通管理与应急管理相关部门包括：

(1) 指挥中心。负责指挥、调度全市各级公安机关及所辖各警种的警力；负责"110"接处警服务工作；掌握公安工作情况，收集、分析、报告敌情、社情和公安信息；协调处理紧急警务，承担授权的有关指挥协调工作。

(2) 出入境与外国人事务管理处。负责审批公民因私出国(境)及其护照发证工作，签发往来港澳通行证；审批华侨回国定居、港澳台人员回我市定居；负责外国人和港澳台人员在我市居留期间的管理工作。

(3) 治安警察支队。负责珠海市社会治安管理，指导查处违反治安管理案件；承担公安部指定刑事案件的侦查工作；负责特种行业、户政和流动人口管理；指导全市金融、邮电、水利等系统经济警察队伍的业务工作；负责对枪支、弹药、民用爆炸物品、危险物品的安全管理以及对特种行业的治安管理等工作；负责对保安行业的管理；指导公安派出所和群防群治队伍建设；指导、参与大型群众性活动的安全保卫和大型群体事件的处置。

(4) 法制监管处。负责珠海市公安法制工作，拟订地方性公安条规和规范性文件；负责部分刑事案件审理工作；纠查各级公安机关执法情况，负责行政复议和行政诉讼工作，为基层公安机关提供法律咨询；负责劳动教养审批工作；指导、检查看守所、治安拘留所、强制隔离戒毒所、收容教育所在押人员的监管、教育工作；规划、指导上述场所的建设。

(5)刑事警察支队。承担珠海市刑事案件的侦查工作,指挥、协调或直接侦办重大、特大或跨区域刑事案件;掌握、分析刑事犯罪活动的规律特点及趋势,指导珠海市刑侦部门的整体侦破工作;负责刑事犯罪情报资料的收集和档案管理;负责刑事侦查技术建设;负责并指导缉毒、反黑、反恐怖、反扒工作;承担涉外刑事案件境外警务联络和国际刑警组织联络的工作。

(6)特警支队。负责治安巡逻,维护巡逻警区治安秩序和公共安全;预防、制止和处罚违反治安管理的行为;处置严重暴力性犯罪事件;处置突发性治安事件和群体性事件;参加处置灾害性事故;负责公安巡逻的训练工作;指导各辖区巡逻警察大队的工作。

(7)公安消防局。组织指挥火灾扑救工作;组织、指导各区消防安全防范工作;负责审查建设项目消防设施;开展消防安全检查和消防安全宣传工作;负责对珠海市义务消防队伍的业务培训工作。

(8)交通警察支队。负责指导珠海市城乡道路、高速公路交通安全管理、指挥,维护交通秩序;处理交通事故;分析研究道路交通安全形势,提出对策;开展交通安全宣传教育;指导、实施公路治安、刑事案件的前期处置;负责道路交通安全设施的管理和参与道路交通安全设施规划;负责港澳台和外籍入出境车辆牌证发证及其驾驶员证件的审批、发放工作。

(9)网络警察支队。负责组织实施公共信息网络和国际互联网的安全监察、安全保护工作,侦办公共信息网络犯罪案件。

4) 珠海市卫生局

珠海市卫生局与应急管理相关职责为:

(1)贯彻执行国家卫生工作的方针、政策,研究拟订全市卫生事业发展的战略目标和政策法规,并组织实施。

(2)拟订区域卫生规划并组织实施,指导各区合理配置卫生资源。

(3)制定重大疾病的防治规划,组织对重大疾病的综合防治。

(4)研究医疗机构改革政策,拟订全市医疗卫生机构设置规划并组织实施。

(5)依法监督管理全市传染病防治和食品、职业、环境、放射、学校卫生,组织实施食品卫生质量管理规范并负责认证工作。

(6)负责卫生应急工作。组织调度全市卫生技术力量,对指导公共卫生事件、突发疫情、病情和自然灾害中的伤病员实施紧急处置,防止和控制疫情、疾病的发生、蔓延。

(7)组织医疗卫生方面的对外合作交流和卫生援外工作,负责干部保健工作。

5) 珠海市环境保护厅

珠海市环境保护厅与应急管理相关职责为:

(1)负责大气、水体、噪声、土壤、固体废物及有毒化学品的污染防治工作;负责环境监察和环境保护行政稽查工作;协调解决环境污染纠纷;协调海洋环境保护工作。

(2) 负责自然生态环境保护工作,制定自然生态保护规划;对生态环境有影响的自然资源开发利用活动进行监督,指导、协调和监督全市农村生态环境保护、生态示范建设工作。

(3) 负责全市环境质量和污染源监测工作,组织编报全市环境质量报告书,发布环境质量状况公报和重大环境信息,组织建设和管理环境监测网和信息网。

(4) 负责核与辐射环境的监督管理工作及辐射环境事故应急处理。

(5) 负责危险废物、严控废物等固体废物日常监督管理。

6) 珠海市海事局

珠海市海事局承担着珠海辖区 6 300 多平方千米海域和 700 多千米内河通航水域的水上安全监督管理和防止船舶污染水域管理的职责,主要包括国际航行船舶进出口岸管理、船舶安全监督、通航保障、危险品管理、防止船舶污染水域、水上交通事故调查处理、船员考试发证、船舶检验发证等,对外代表国家、对内代表政府对海事行为相对人行使行政执法权。作为珠海市海上搜寻救助中心的主要成员单位之一以及该中心办公室的责任单位和日常办事机构,还履行"两防一救"职责,负责组织、指挥、协调和参与珠海辖区水上遇险事故的应急与处理,最大限度地保障人员生命和财产安全。

珠海市海事局内设 9 个机关科室,下设执法支队以及 9 个海事处,其中 9 个海事处的地理位置分布为:位于珠海市九洲港的九洲港海事处,坐落于珠海港高栏港区的港口海事处,管辖范围与澳门内港水域相邻的湾仔海事处,位于桂山岛管理辖范围覆盖万山区水域的万山港海事处,以及香洲海事处,唐家海事处,斗门海事处,前山海事处,横琴海事处,履行辖区水域水上安全监督现场管理和水域防污染的具体职责。

3.1.5 香港交通管理与应急组织体系

1) 香港应急组织体系

为了能有效及迅速地应对突发事件,香港设计了三级制紧急应变系统。应变系统尽量减少指挥及控制层的数目,救援工作也尽可能由最接近事发现场的救援部门指挥。同时,容许救援部门继续直接负责有关职务以及拥有所需权力,按照本身职权应对突发事件。尽管有些突发事件的情况较为复杂,尤其是在救援及善后阶段,需要其他部门及机构协助,但应对突发事件的各项工作通常均由救援部门负责,其他机构则会从旁协助。只有情况极为严峻时,才可能需要政府通过紧急事故监察及支援中心(紧急监援中心)直接参与其事。

(1) 第一级应变措施(紧急服务)

实行第一级应变措施时,救援部门会完全在本身所属指挥单位的指示、监管及支援下采取行动。

指挥及控制中心:警务处、消防处等救援部门均设有指挥控制中心,且日夜均有人员当值。

市民通常会致电999求助,中心会评估情况所需,采取合适行动。

警察总部指挥及控制中心(警总中心)及警察总区最高指挥部:警总中心是警务处的主要指挥中心,是政府决策机关与保安部门之间的桥梁。当情况极为严峻时,便会根据行政长官保安事务委员会及保安控制委员会的决策,负责指挥全港的保安部门。此外,该中心还负责协调四个警察总区最高指挥部的工作,以及统筹保安部门人员和资源的调配工作。警察总区最高指挥部是警察总区指挥及控制中心的高层指挥部,总区保安工作指挥官会按照警总中心所定政策及指示,经由警察总区最高指挥部发出命令。当发生突发事件时,警总中心便会密切监察,并会不断把严重事故的事态发展知会高层官员及保安局当值主任。

消防通信中心:通信中心是消防处的指挥及控制中心,负责接听紧急求助电话,以及调动消防处的资源来展开救援工作。通信中心接到求助电话后,便会实时采取行动。通信中心会监察事态发展,并会按照应变计划及部门指引把事故通知以下部门/人员:对内通知消防处有关人员/单位;对外则通知其他政府部门及机构,包括保安局当值主任。

(2)第二级应变措施(保安局当值主任及紧急事故支援组)

警务处及消防处均有常务训令,规定如可能需要把事故知会政府总部,便须通知保安局当值主任。此时,便会采取第二级应变措施,由政府总部紧急事故支援组(急援组)会密切监察事态发展。急援组隶属保安局,负责协调保安局当值主任的工作。这个级别处理的是对市民生命财产以及公众安全构成威胁的事故,且事态有可能恶化,可能需要较复杂的紧急应变行动来处理。

(3)第三级应变措施(紧急监援中心)

凡遇上重大的事故,以致对市民生命财产及公众安全构成重大威胁,需要政府全面展开救援工作,便会采取第三级应变措施。紧急监援中心接到保安局局长或指定的保安局高级人员的指示后,便会采取行动。

紧急事故监察及支援中心(紧急监援中心):当发生重大事故或事故所波及的范围甚广,以致可能对市民生命财产及公众安全构成影响时,紧急监援中心便成为政府总部的主要监察及支援中心,但中心本身并非负责统筹或指挥行动。中心履行监察职责时,会与其他统筹中心紧密合作。例如有问题需要政府全力处理时,便与警总中心以及消防通信中心合作;与公共关系及传媒有关的事项,则与政府新闻处(新闻处)协调处理;以及与民政事务总署合作,协调紧急救援工作,特别是帮助灾民获取各政府部门的全面协助。

行政长官保安事务委员会(保安事务委员会):保安事务委员会的成员除行政长官外,还包括政府总部及警务处的高级顾问。倘若事故非常严重,且持续一段期间,波及的范围又广泛,会严重影响或有可能严重影响本港的安全,保安事务委员会便会召开会议,指示有关部门执行政府的保安政策。

保安控制委员会及分区保安控制委员会:保安控制委员会由保安局及警方代表组成,负责向保安事务委员会提供意见及支援。保安控制委员会除了在推行政策方面向保安事务委员会提出意见外,还会在各分区保安控制委员会与保安事务委员会之间发挥桥梁作用。分区保安控制委员会须就策划、协调、控制以及推行区内的保安措施及其他应变措施等事宜,向保安控制委员会负责。

有关民众安全的政府救援工作委员会:政府另设有多个紧急事故控制委员会,负责协调政府内策划推行保安事务委员会所定保安政策的工作。这些委员会按本身专长及经验,在推行保安政策方面向保安事务委员会提供意见,同时,担当各部门、公用事业及保安事务委员会之间的桥梁。

联合新闻中心(新闻中心):新闻中心由新闻处管理,在发生灾难时新闻中心会与紧急监援中心及各部门的新闻主任紧密合作,为政府发布消息和应付传媒。

2)香港运输署

香港运输署是香港特别行政区政府运输及房屋局辖下的一个部门,负责规管各项关于香港交通的事宜。图3-2 为香港运输署组织架构。

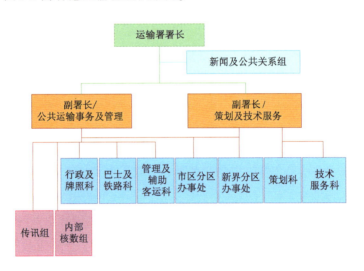

图3-2 香港运输署组织架构

香港运输署主要职责包括:

(1)管理香港道路交通;

(2)监管香港公共交通机构;

(3)提高道路安全;

(4)制定香港长远交通规划。

香港运输署设有紧急事故协调中心,当突发事件(如天灾、大型交通意外)或特定时期(如开课日、新交通系统启用)影响交通时,负责协调各种交通工具的服务。

3）香港路政署

路政署署长负责清理及修葺阻塞或损毁的公用道路；移走危险或跌下的大石；处理在未分配给任何部门维修的政府土地上发生的山泥倾泻；倘资源许可，因应要求协助拯救性命和保护财物及提供其他协助；以及在紧急事故期间统筹修理公用事业设施的工作。此外，该署亦负责将道路维修及清理工作的进度告知运输署，使该署能在有需要时统筹及制定交通安排。

4）香港保安局

香港保安局是中华人民共和国香港特别行政区政府的决策局之一，除了维持香港治安外，出入境事务、海关管制以及提供消防及救护服务等皆是保安局的职责。

香港保安局下设的与交通管理与应急管理相关部门包括：

(1) 香港警务处

在事故救援阶段，香港警务处会在现场设立一个警察指挥站，与消防事故现场指挥站设于同一地点，并有消防处的联络主任驻守。警方在现场的所有工作均由该指挥站指挥。紧急监援中心会通过警总中心知会设立指挥站一事及其位置。在灾难现场的高级警务人员会被指派为警方现场指挥官。各有关单位负责指挥属下人员执行本身的任务，但警方会与救援指挥官和民政事务专员保持联络，并负责全面统筹现场所有单位的工作。

(2) 香港政府飞行服务队

香港政府飞行服务队总监负责提供所需飞行服务，协助拯救生命、救火、空运救济物资、进行空中拍摄、进行监察、接载伤者，以及进行侦察。要求政府飞行服务队派出直升机支援，一般须由警总中心当值官提出；如为扑灭火灾，须由消防通信中心人员提出；如为进行海上搜索及救援，须由海事处海上救援协调中心人员提出；如发生与飞机有关的意外，则须由民航处人员提出。

(3) 香港消防处

香港消防处是香港保安局辖下纪律部队，具体负责消防及救护事务。

香港陆上或水域范围内灾难现场的高级消防人员将会担任救援指挥官，负责在内警戒区指挥所有救援工作及协调所有救援人员。救援指挥官会设立一个消防事故现场指挥站。该站会悬挂容易辨认的标识，而且通常是设于一辆流动指挥车上。该站会与警察指挥站设于同一地点，并有警方的联络主任驻守。救援指挥官会在设立指挥站后立即通知消防通信中心，并报告该站所在位置。通信中心随即会把现场的重要事态发展告知紧急监援中心。救援指挥官会就如何处理传媒和公众的查询，向民政事务专员提供建议和协助。如有需要，救援指挥官在咨询民政事务专员后，亦会直接向传媒作出响应。

(4) 香港医疗辅助队

香港医疗辅助队可分为应急及常规任务两类。当香港发生灾难或紧急事故的时候，医疗辅助队会增援协助正规纪律部队，医疗辅助队总参事负责派遣志愿人员提供医疗支援，以加强卫生署和医院管理局的服务及消防处的救护车服务。

(5) 民众安全服务队

民众安全服务队总参事负责派遣受过训练的志愿纪律人员协助搜索和救援、控制人群、为灾民登记、处理伤亡者、疏散灾民及为他们提供食物。

5) 香港医院管理局

香港医院管理局行政总裁负责在发生紧急事故时提供紧急医疗服务。如情况需要并在消防处要求下，香港医院管理局会派出一名医疗控制主任和若干医疗队到现场为伤者分流和急救。香港医院管理局亦会就伤者撤离现场的计划提供医学意见。

6) 香港卫生署

如发生大型灾难，导致医院管理局的急症室不胜负荷，卫生署署长辖下的急症单位和诊所便会接收轻伤的伤者。如事故涉及放射性物质，卫生署署长会派遣物理学家往灾场提供协助；如有需要，卫生署署长会在食物环境卫生署署长协助下，安排额外的临时停尸设施及进行验尸。

7) 香港海事处

香港海事处处长是海上搜索及救援工作的指定搜索主管，负责在香港水域和本港的海上搜救区域范围内向遇事的船只施以救援。此外，在发生灾难时，他负责控制港口，并在必要时封闭港口。

8) 香港政府物流服务署

香港政府物流服务署署长负责提供紧急运输服务。该处辖下的香港运输组会成立控制中心，统筹调派车队的事宜。

香港政府物流服务署署长同时亦负责从政府物料运营中心的中央货仓供应紧急物品（例如毛毡、沙包、消毒剂），以及安排紧急购置非标准物品。该处会利用政府车辆管理处的紧急车辆，把物品送往没有运输工具的使用部门。

9) 香港民政事务总署

香港民政事务总署署长会担任"救灾工作统筹者"的角色，通过总部的紧急事故协调中心及各民政事务专员执行职能。民政事务专员将会在社会福利署、房屋署及其他部门的合作下，统筹地区层面的救灾工作，并在地区层面代表政府发言。该署属下各民政事务专员负责统筹所属地区的紧急救灾工作，并把本区情况向总部报告。如有需要，民政事务总署总部的人员会开放一个紧急事故统筹中心，该中心会与各民政事务处地区紧急事故统筹中心密切联络，统筹整体救灾工作，以及联系紧急监援中心。

3.1.6 澳门交通管理与应急组织体系

1) 澳门交通事务局

澳门交通事务局与交通管理和应急管理相关职责为：

（1）持续规划、推广和评估陆路运输系统的发展，并确保与其他运输模式的协调和衔接；

（2）规划、建议和协调道路网络、公共泊车设施、行车天桥及隧道等行人及交通基础设施的兴建及优化工作；

（3）推广研究工作和落实陆路运输方面的崭新方案，尤其是智能运输系统；

（4）开展交通安排的研究，并为确保车辆及行人交通安全和畅通建议必需的措施；

（5）研究、跟进和协调跨界交通安排；

（6）推广预防交通事故及交通安全的教育；

（7）规划并管理口岸的交通基础设施；

（8）监察道路网络系统的运作，并研究和引入新的系统；

（9）实施道路重整工程和其他工程，以改善交通运作、加强预防交通事故及交通安全；

（10）就实施有碍车辆或行人正常通行的工程发出许可；

（11）就使用公共道路而有碍车辆或行人正常通行发出许可；

（12）设置、维修和保养路面标记、交通标志牌、讯息标志及交通信号灯；

（13）就可能对陆路运输造成较大影响的建设发展项目提供意见；

（14）协调大型活动举行时的交通安排；

（15）接收、跟进和处理涉及交通事务的建议或投诉；

（16）与治安警察局合作，移走违例停泊、阻碍公众通行或弃置于公共道路的车辆；

（17）协助公共道路使用者以遵守交通法规，并记录有关违法行为。

2）澳门治安警察局

澳门治安警察局与交通管理和应急管理相关职责为：

（1）预防犯罪，尤其预防有组织及严重暴力之犯罪；

（2）向处身于公共灾难的市民提供帮助及救助；

（3）巡逻街道及公众地方，以及保障在集会、示威、庄严仪式、庆典及表演时之公共秩序及安宁；

（4）确保遵守道路及交通法例之规定；

（5）在公共灾难，尤其为自然灾祸或火灾时，与其他公共或私人实体合作，并提供协助。

3.1.7 港珠澳大桥五大类事件涉及相关机构

在上述国内交通管理和应急管理组织机构职责分析的基础上，对港珠澳大桥五大类事件（设施结构事件、交通运营事件、灾害气候事件、社会安全事件和环境卫生事件）所涉及的交通管理和应急救援部门进行整理，如表3-1所示。

表 3-1

五大类事件相关交通与应急管理机构

事件类型	主责机构				协助机构			
	广东省	珠海	香港	澳门	广东省	珠海	香港	澳门
设施结构类事件	广东省应急办、广东省公安厅、广东省交通运输厅、广东省卫生厅	珠海市应急办、珠海市公安局、珠海市交通运输局、珠海市卫生局、珠海市海事局	香港保安局、香港运输署、香港路政署、香港医院管理局、香港卫生署、香港海事处	澳门交通事务局、澳门治安警察局	广东省环境保护厅	珠海市环境保护局、珠海市口岸局、珠海市海洋渔和水务局	香港环境局、香港政府物流服务署、香港民政事务总署、香港运输及房屋局、香港口岸相关管理机构	澳门口岸
交通运营类事件	广东省应急办、广东省公安厅、广东省交通运输厅、广东省卫生厅	珠海市应急办、珠海市公安局、珠海市交通运输局、珠海市卫生局、珠海市海事局	香港保安局、香港运输署、香港路政署、香港医院管理局、香港卫生署、香港海事处	澳门交通事务局、澳门治安警察局	广东省环境保护厅	珠海市环境保护局、珠海市口岸局、珠海市海洋渔和水务局	香港环境局、香港政府物流服务署、香港民政事务总署、香港运输及房屋局、香港口岸相关管理机构	澳门口岸
灾害气候类事件	广东省应急办、广东省公安厅、广东省交通运输厅、广东省卫生厅	珠海市应急办、珠海市公安局、珠海市交通运输局、珠海市卫生局、珠海市海事局	香港保安局、香港运输署、香港路政署、香港医院管理局、香港卫生署、香港海事处	澳门交通事务局、澳门治安警察局	广东省环境保护厅、广东省海事局、广东省气象局	珠海市环境保护局、珠海市口岸局、珠海市海洋渔和水务局、珠海气象局	香港环境局、香港政府物流服务署、香港民政事务总署、香港运输及房屋局、香港口岸相关管理机构、香港气象局	澳门口岸
社会安全类事件	广东省应急办、广东省公安厅、广东省交通运输厅、广东省卫生厅	珠海市应急办、珠海市公安局、珠海市交通运输局、珠海市卫生局、珠海市海事局	香港保安局、香港运输署、香港路政署、香港医院管理局、香港卫生署、香港海事处	澳门交通事务局、澳门治安警察局	广东省环境保护厅	珠海市环境保护局、珠海市口岸局、珠海市海洋渔和水务局	香港环境局、香港政府物流服务署、香港民政事务总署、香港运输及房屋局、香港口岸相关管理机构	澳门口岸
环境卫生类事件	广东省应急办、广东省公安厅、广东省交通运输厅、广东省卫生厅	珠海市应急办、珠海市公安局、珠海市交通运输局、珠海市卫生局、珠海市海事局	香港保安局、香港运输署、香港路政署、香港医院管理局、香港卫生署、香港海事处	澳门交通事务局、澳门治安警察局	广东省环境保护厅	珠海市环境保护局、珠海市口岸局、珠海市海洋渔和水务局	香港环境局、香港政府物流服务署、香港民政事务总署、香港运输及房屋局、香港口岸相关管理机构	澳门口岸

3.2 港珠澳大桥建设期组织体系

港珠澳大桥建设期组织管理体系架构分为"港珠澳大桥专责小组——三地联合工作委员会——项目法人"三个层次，如图 3-3 所示。

(1) 港珠澳大桥专责小组：由国家发展改革委牵头，国家有关部门和粤港澳三方政府参加。

(2) 三地联合工作委员会：由粤港澳三地政府共同组建，广东省人民政府作为召集人，主要协调相关问题并对项目法人进行监管。港珠澳大桥三地联合工作委员会召集方首席代表为广东省发改委，香港方首席代表为香港运输及房屋局，澳门方首席代表为澳门建设发展办公室。

(3) 项目法人：港珠澳大桥管理局。由香港、广东和澳门三方政府共同举办，主要承担大桥主体部分的建设、运营、维护和管理的组织实施等工作。

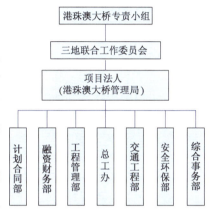

图 3-3　建设期港珠澳大桥管理组织架构图

此外，为确保工程建设的优质和安全，由交通运输部牵头组织成立港珠澳大桥技术专家组，为专责小组、三地联合工作委员会和项目法人在重大技术方案、施工方案的论证以及重大工程问题的处理措施等方面提供咨询和技术支持。

建设期间的港珠澳大桥管理局，共设置了七个二级部门：计划合同部、融资财务部、工程管理部、总工办、交通工程部、安全环保部和综合事务部。其中，工程管理部负责主体工程建设，交通工程部负责交通工程建设，安全环保部负责建设安全管理，综合事务部负责对外联系。

港珠澳大桥管理局与三地连接线管理部门均有衔接协调关系，港珠澳大桥管理局文字性的重大管理内容需经港珠澳大桥三地联合工作委员会行政审批；经港珠澳大桥三地联合工作委员会审批后，港珠澳大桥管理局可就具体管理内容与相关部门直接联系。

港珠澳大桥管理局在建设期与三地相关机构进行信息交换的内容与机制，由综合事务部负责提供相关资料。

建设期三地间的协调机制以及协作经验也为跨界交通管理过程中的联动协调提供了参考和思路。

3.3 港珠澳大桥运营期跨界交通管理组织体系

3.3.1 港珠澳大桥跨界交通管理联动模式

经过梳理港珠澳大桥五大类事件下可能涉及的交通管理和应急管理组织机构，并借鉴深圳湾大桥及港珠澳大桥建设期模式,提出港珠澳大桥运营期"工作组+联络员"的三地联动模式。三地联动模式如图3-4所示。

图3-4 "工作组+联络员"的三地联动模式

三地委设跨界交通管理协调工作组,管理局、珠海、香港及澳门设跨界交通管理工作组。

(1)三地委(跨界交通管理协调工作组)

三地委(跨界交通管理协调工作组)设联络员岗位。

(2)管理局跨界交通管理工作组

管理局跨界交通管理工作组设组长及联络员岗位,管理局作为大桥主体工程交通管理与应急力量的组织管理机构,决定管理局跨界交通管理工作组组长及联络员职位的承担人员。

(3)珠海跨界交通管理工作组

珠海跨界交通管理工作组设组长及联络员岗位,珠海市各交通管理和应急部门作为工作组成员。事件发生时,大桥与珠海市交通管理和应急部门的联络方式有两种:

①低等级事件时,为遵循时效优先原则,管理局监控中心可以直接与珠海市交警、珠海口岸、珠海市气象局等部门联系;

②高等级事件时,需通过管理局联络员与珠海跨界交通管理工作组联系,由联络员通知相关交通管理和应急部门。

(4)香港跨界交通管理工作组

香港跨界交通管理工作组设组长及联络员岗位,香港各交通管理和应急部门作为工作组成员。事件发生时,大桥与香港交通管理和应急部门的联络方式有两种:

①发生低等级事件时,为遵循时效优先原则,管理局监控中心、香港连接线、香港口岸相互之间可以直接相互联系,以便事件得以快速处置;

②发生高等级事件时,管理局联络员与香港联络员进行快速联系,由联络员通知各自相关交通管理和应急部门。

(5)澳门跨界交通管理工作组

澳门跨界交通管理工作组设组长及联络员岗位,澳门各交通管理和应急部门作为工作组成员。事件发生时,大桥与澳门交通管理和应急部门的联络方式有两种:

①发生低等级事件时,为遵循时效优先原则,管理局监控中心、澳门口岸、澳门交通事务局

相互之间可以直接联系,以便事件得以快速处置;

②发生高等级事件时,管理局联络员与澳门联络员快速联系,由联络员通知各自相关交通管理和应急部门。

3.3.2 港珠澳大桥跨界交通管理体系架构

在分析港珠澳三地交通管理及应急救援部门职能的基础上,针对各等级交通事件应急处置和交通管理对救援力量的需求,形成港珠澳大桥三级跨界交通管理组织体系。该组织体系能够与港珠澳三地目前的交通管理组织体系相衔接,并保证各等级事件由相应级别的部门进行处理。港珠澳大桥跨界交通管理组织体系如图3-5所示。

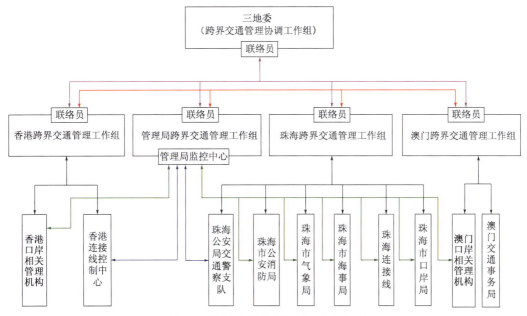

图3-5 港珠澳大桥跨界交通管理组织体系

(1)紫色线表示三地间需要通过工作小组联络员与三地委工作组协调解决的情况,主要针对高等级事件;

(2)红色线表示三地间可通过联络员相互沟通解决的情况,主要针对较高等级事件;

(3)蓝色线表示日常或低等级交通控制与应急情况下的信息交互与交通协调控制;

(4)绿色线表示日常或低等级交通控制与应急情况下的信息通报或交互;

(5)黑色线表示体系组成部分。

3.3.3 港珠澳大桥跨界交通管理组织机构与职责

1)三地委(跨界交通管理协调工作组)

三地委(跨界交通管理协调工作组)主要在跨界交通管理时,对大桥及三地跨界交通管理工作组重大事件管理工作中出现的争议问题进行协调。

2）管理局跨界交通管理工作组

（1）组长职责

①负责对管理局跨界交通管理工作组成员的组织协调；

②负责高等级事件响应启动条件的确认，并发布响应开始指令；

③负责高等级事件响应结束条件的确认，并发布响应结束指令。

（2）联络员职责

①若事态超出管理局自身可控范围，需请求联动救援或交通控制时，负责向三地跨界交通管理工作组联络员告知事态信息及应急需求；

②获取三地跨界交通管理工作组联络员发出的反馈信息，包括事件信息、事件处置情况、预计处置时间等；

③当三方（香港、珠海、澳门）救援力量不足，向管理局发出联合救援请求时，管理局联络员负责根据三方联络员提供的事态信息及救援需求，确定需要参加救援的交通管理和应急部门及救援力量的大小，并及时通知相关部门参加救援；

④根据交通管理和应急需要，保持与香港、珠海、澳门跨界交通管理工作组联络员的实时交互；

⑤当出现跨界交通管理工作组无法决定的重大事件时，负责与三地委（跨界交通管理协调工作组）联系，请求其协调。

（3）工作组成员职责

①负责收集事件信息，进行事态初判，并上报相关领导；

②负责低等级事件响应启动条件的确认，并发布响应开始指令；

③负责低等级事件响应结束条件的确认，并发布响应结束指令；

④负责开展低等级应急救援行动；

⑤高等级事件时，积极配合指挥人员开展救援工作；

⑥必要时，与三地部门（主要为：香港连接线控制中心、珠海市口岸局、澳门口岸相关管理机构、珠海市交警）直接联系，告知事态信息、大桥采取的应对措施等，并获取反馈信息。

3）珠海跨界交通管理工作组

（1）组长职责

负责对珠海跨界交通管理工作组成员工作的协调。

（2）联络员职责

①当管理局救援力量不足，向珠海联络员发出联合救援请求时，珠海联络员负责根据管理局跨界交通管理工作组提供的事态信息及应急需求，确定需要参加救援的交通管理和应急部

门及救援力量的大小,并及时通知相关部门参加救援;

②及时向管理局跨界交通管理工作组反馈珠海方应急救援行动落实情况,并告知预计处理时间;

③指导监督珠海方应急救援工作,协调解决应急救援工作中的重大问题;

④保证与管理局跨界交通管理工作组的信息互通,掌握应急救援动态情况,及时调整部署应急救援工作措施;

⑤珠海口岸发生突发和紧急事件,需要管理局配合救援时,负责与管理局跨界交通管理工作组联系,请求增援;

⑥当出现珠海跨界交通管理工作组无法决定的重大事件时,负责与三地委(跨界交通管理协调工作组)联系,请求其协调。

4) 香港跨界交通管理工作组

(1) 组长职责

负责对香港跨界交通管理工作组成员工作的协调。

(2) 联络员职责

①当管理局救援力量不足,向香港联络员发出联合救援请求时,香港联络员负责根据管理局跨界交通管理工作组提供的事态信息及应急需求,确定需要参加救援的交通管理和应急部门及救援力量的大小,并及时通知相关部门参加救援;

②及时向管理局跨界交通管理工作组反馈香港方应急救援行动落实情况,并告知预计处理时间;

③指导监督香港方应急救援工作,协调解决应急救援工作中的重大问题;

④保证与管理局跨界交通管理工作组的信息互通,掌握应急救援动态情况,及时调整部署应急救援工作措施;

⑤香港连接线及香港口岸发生突发和紧急事件,需要管理局配合救援时,负责与管理局跨界交通管理工作组联系,请求增援;

⑥当出现香港跨界交通管理工作组无法决定的重大事件时,负责与三地委(跨界交通管理协调工作组)联系,请求其协调。

5) 澳门跨界交通管理工作组

(1) 组长职责

负责对澳门跨界交通管理工作组成员工作的协调。

(2) 联络员职责

①当管理局救援力量不足,向澳门联络员发出联合救援请求时,澳门联络员负责根据管理局跨界交通管理工作组提供的事态信息及应急需求,确定需要参加救援的交通管理和应急部

门及救援力量的大小,并及时通知相关部门参加救援;

②及时向管理局跨界交通管理工作组反馈澳门方应急救援行动落实情况,并告知预计处理时间;

③指导监督澳门方应急救援工作,协调解决应急救援工作中的重大问题;

④保证与管理局跨界交通管理工作组的信息互通,掌握应急救援动态情况,及时调整部署应急救援工作措施;

⑤澳门口岸发生突发和紧急事件,需要管理局配合救援时,负责与管理局跨界交通管理工作组联系,请求增援;

⑥当出现澳门应急工作组无法决定的重大事件时,负责与三地委(跨界交通管理协调工作组)联系,请求其协调。

本章参考文献

[1] 港珠澳大桥建设、运营、维护和管理三地政府协议[Z].广东,2010.
[2] 周兴林,郑安文,孙泰屹,等.高速公路突发事件动态应急管理机制探讨[J].湖北经济学院学报,2009(2):69-70.
[3] 屋宇结构及桥梁结构之安全及荷载规章[Z].澳门,1996.
[4] 中央政府门户网站.http://www.gov.cn/yjgl/2005-08/31/content_69625.htm.
[5] 广东省交通运输厅公众网.http://www.gdcd.gov.cn/bmzn/index0.shtml.
[6] 广东省人民政府网.http://zwgk.gd.gov.cn/006940140/?ClassInfoId=1126.
[7] 广东省卫生和计划生育委员会.http://www.gdwst.gov.cn/jgzn/.
[8] 广东环境保护公众网.http://www.gdep.gov.cn/rsgl/jgzn/jgzn/.
[9] 中华人民共和国广东海事局.http://www.gdmsa.gov.cn/gd/ShowArticle.asp?ArticleID=339.
[10] 珠海市交通运输局.http://zwgk.zhuhai.gov.cn/ZH15/201505/t20150508_7572174.html.
[11] 中华人民共和国珠海海事局.http://www.gdmsa.gov.cn/zhmsa/ShowArticle.asp?ArticleID=12471.
[12] 珠海市卫生和计划生育局.http://www.zhhealth.gov.cn/zwgk/jgzn/.
[13] 香港运输署.http://www.td.gov.hk/sc/about_us/organisation_chart/index.html.
[14] 香港保安局.http://www.sb.gov.hk/sc/about/org.htm.
[15] 香港海事处.http://www.mardep.gov.hk/sc/aboutus/functions.html.
[16] 澳门治安警察局.http://www.fsm.gov.mo/psp/cht/psp_org_3.html.

第4章 港珠澳大桥跨界交通控制

交通控制是保障道路安全畅通运营的基本内容之一。港珠澳大桥海中桥隧主体工程、三地连接线和三地口岸中任何一方进行交通管控时,都需要其他单位和部门的密切配合。可见实现大桥交通正常、有序、安全和快捷运营的关键在于三地交通控制和管理部门之间的联动配合。然而,港珠澳大桥交通控制涉及的部门众多,各部门管理模式不同,且三地交通控制模式和标准也存在差异,因此港珠澳大桥跨界交通控制成为关键问题之一。本章解决了三地各部门间联动协调以及交通控制标准的匹配问题。

交通监控是目前交通控制,特别是高速公路交通控制与管理的主要手段,本章首先回顾了国内高速公路交通监控的架构和主要作用,然后重点从跨界匹配与联动的角度提出港珠澳大桥交通控制理念、跨界交通控制匹配方案、跨界交通控制流程。

4.1 高速公路交通监控概况

4.1.1 国家级高速公路交通监控现状

交通运输部设立公路网监测与应急处置中心,主管国家干线公路网运行监测与服务的建设、运行与管理工作。其中,国家高速公路网运行监测与服务业务框架由部级高速公路网运行监测与服务应用平台(图4-1)、省级高速公路网运行监测与服务应用平台、国家级路网监测点三级组成、国家级路网监测点作为重要信息源及基础系统。

主要具有以下功能:

1)信息采集与共享获取

信息采集系统主要由国家级路网监测点、省级路网监测点和其他路网监测点的采集设备和传输通道组成。信息采集系统构成以分布式结构为主。

信息共享获取主要由跨部门、跨地区信息互操作及交换系统组成。信息共享主要在部、省两级路网平台中开展,共享获取数据作为基础数据源数据处理。共享系统构成以集中式结构为主,并保留省级路网平台间信息交互预留功能。

2)提取处理与评价分析

根据公路网运行监测指标集的分级与种类,确定提取处理与评价分析的系统构成,主要包括初级计算、数据汇总、提取计算、指标生成、评价模型及分析结果等模块组成。

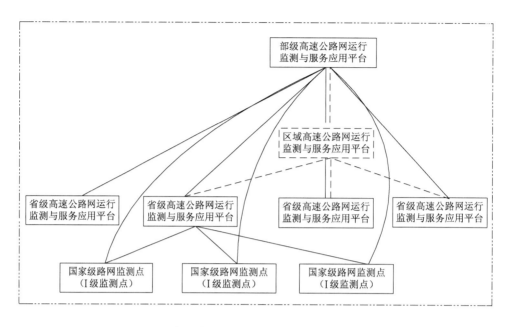

图 4-1　国家级(部级)路网运行监测与服务平台业务框架

3)系统软件与数据接口

系统软件主要包括数据层、支撑层和应用层三层体系结构。软件主要包括数据路网监测点信息采集处理系统软件、省级路网平台软件、部级路网平台软件、数据共享软件等。具体包括系统数据库、操作系统、功能模块、管理软件以及中间件和基础构件。

数据接口主要由前置服务器系统、数据传输方式、数据格式等方面组成。数据接口主要面向部、省两级路网平台的数据交换进行定义。前置服务器系统作为统一路网运行监测数据(包括业务数据与视频数据)传输标准的关键应用支撑软件。

4)信息传输与网络平台

信息传输包括路网监测点与部、省两级路网平台之间的传输通道、组网要求,以及部、省两级路网平台之间的传输通道、联网要求。

网络平台主要由互联网、无线移动通信网、高速公路通信专网及海事卫星网等组成。构建公路网运行监测与服务的网络平台原则是"公网"与"专网"结合应用,即"公专结合",并建立备用链路。

5)系统安全及认证体系

系统安全及认证体系包括数据流向与信息安全体系框架结构,并对系统物理安全、网络安全、主机安全、应用安全、数据安全及备份恢复提出技术要求。

4.1.2 广东省高速公路交通监控现状

广东省高速公路交通监控管理架构总体上采用省级监控中心-路段级监控分中心-基层监控单元三级结构。

广东省高速公路监控中心根据高速公路运营管理的业务需求和社会公众对交通信息的需求,中心定位为监控中心、客服中心、信息中心和应急指挥中心四位一体的综合交通信息管理平台,主要具有以下功能。

1) 宏观协调管理功能

负责制定联网监控技术规范标准,包括数据类型、数据交换格式、数据通信协议规范、监控系统统一编码等,分析片区/省域高速公路路网交通运行规律,优化路网内交通机电设施的布设;完善路网的宏观管理与控制;对日常道路交通情况进行监督巡查。

2) 信息采集功能

通过各路段机电监控系统设施和各种采样渠道收集路网交通监控图像、交通流数据、交通事件、收费数据等信息。

3) 数据统计分析功能

完成数据的采集、分类、存储,以及简单的统计和分析功能。高速公路监控系统不仅需要网络化监控,更重要的是智能化控制,故必须对交通数据进行二次汲取、挖掘和融合处理,为实现路网调度、及时分流、保证道路通畅、提高运营效率等提供数据支持和决策参考。

4) 出行服务功能

构建交通信息网络平台为出行者和管理者提供路况信息、运营信息查询和客户投诉处理等服务。建立与广播、电话或公用网络等数据通道,向社会公众实时发布路网运行数据。

5) 应急指挥调度功能

主要包括特殊时期(例如"春运期""国庆黄金周")的应急指挥调度,突发性交通事件的应急指挥(如恶劣天气、自然灾害、特大事故等造成交通拥堵、中断、瘫痪和分流),重大交通事件下路网的交通组织调度方案。

对于路段级监控分中心,一般只负责所辖区段的交通监控,但在实际运行中部分相邻路段也形成了直接的横向联系和信息互联机制,以加强局部区域的交通管理。

4.1.3 香港交通监控现状

香港政府通过交通监控系统,对主要公路网上的交通进行管理。该公路网包括高速公路以及所有行车隧道和已实施区域交通控制的市区道路。

对于交通信息:公路堵塞情况的消息,经电视台、电台及互联网发布。运输署将闭路电视(CCTV)的影像24h发布于互联网上,并每隔2min更新一次影像。此外,公路网上的可变信息标志也协助提供有限度一定的交通消息。

香港政府已建立交通管理及讯息中心(TMIC),全面负责交通监察及管理、事故管理和提供乘客资讯等。该中心成为各个交通控制中心的中枢,包括香港警察的总区指挥及控制中心(RCCC)、运输署现有的区域交通控制(ATC)中心、紧急事故交通协调中心(ETCC)、11条隧道和其他管制区包括青马管制区的控制中心。该中心利用运输署所发展的交通资讯系统(TIS)的基建建设,为道路使用者收集、处理和发放即时的交通资讯。交通资讯系统采用地理资讯系统和网络科技加速政府机关、运输业经营者及公众间交通资讯的收集、处理和发放。

香港大部分隧道均有交通监控系统(TCSS)的装置,其中包括紧急电话、闭路电视(CCTV)、车辆探测器、车辆高度探测器、行车线信号、交通灯和可变信息标志。

4.1.4 澳门交通监控现状

澳门交通事务局建有交通监控中心,可以监控辖区内各类交通状况,基本属于城市交通监控的范畴,监控设施包括雷达、视频检测等。

4.2 港珠澳大桥跨界交通控制理念

从国内高速公路交通监控情况来看,架构上都采用了分级分层的结构,都设有相对集中的控制中心,功能上都包含了信息采集、信息发布、统计分析、出行服务、应急指挥与调度等。而对于港珠澳大桥来说,无法形成集中统一的控制协调中心,跨界交通控制面临的首要问题是多部门之间的协调问题以及不同区域之间的匹配问题,为此需要形成一致的跨界交通控制目标、原则、理念、方法和流程。

4.2.1 港珠澳大桥跨界交通控制目标

(1)促进粤港澳三地路网交通协调、可持续发展;
(2)发挥港珠澳大桥交通动脉的整体效能;
(3)统筹粤港澳三地在跨界交通事件下的联动控制协调能力;
(4)保障港珠澳大桥的通行效率与安全;
(5)提高港珠澳大桥运营管理的技术水平与事件应对能力;
(6)防范二次事故发生,减少事故危害与影响。

4.2.2 港珠澳大桥跨界交通控制原则

1）属地管理、职责明确

建立健全以属地管理为主的跨界交通控制管理体制，明确各相关部门职责，充分发挥各级交通控制管理机构的作用。

2）跨界联动、协调控制

建立属地负责、分工明确、反应灵敏、协调有序、运转高效的跨界联动机制和响应程序，实现跨界交通控制管理工作的制度化、规范化、体系化。加强区域间、部门间的密切协作，形成优势互补、资源共享的交通突发事件跨界联动处置机制。

3）事件驱动、快速响应

提高事件监控技术水平，增强预警与快速响应能力，坚持常态管理与事件驱动相结合，建立联动控制、反应灵敏、功能齐全、协调有序、运转高效的交通控制协调机制。

4.2.3 港珠澳大桥跨界交通分段控制理念

跨界交通分段控制理念是在研究港珠澳大桥结构、地理、气候、不同行政区域事件处理需求等方面之后，提出的具有较强针对性的交通控制理念。

（1）从大桥工程特点来看，西人工岛-隧道-东人工岛与粤港分界线最为接近，这一部分可以看作是跨界交通控制的主要区段。

（2）由气象统计数据知，靠近珠海侧发生低能见度事件的概率较高，靠近香港侧发生低能见度时间概率较低，在低能见度情况下，大桥主体和隧道的交通控制不同且需要过渡，而且隧道与香港连接线附近的交通控制也需要平滑过渡。

（3）考虑到交通事故和火灾事故等异常事件位置及影响范围的不同，需要大桥主体、隧道、香港连接线有不同的交通控制措施。例如当港珠澳大桥隧道（去珠澳方向）发生事故时，主要进行交通控制的区域是沉管隧道和粤港分界线附近。当粤港分界线附近的香港连接线（去香港方向）发生事故时，主要进行交通控制的区域也是沉管隧道和粤港分界线附近。在这些事故发生的时候，如果不是重大事件情况下，大桥主体不需要做过多的交通控制，只需要将非事故区域和事故区域的车速、车道和信息提示等交通控制措施衔接好即可。

（4）香港路政署和运输署特别关注东人工岛隧道入口与粤港边界线之间的路段，希望这段路的交通控制能够与香港接线一致。

综上，为了实现港珠澳大桥与香港连接线的跨界交通的平滑过渡控制，最大限度降低跨界交通控制措施差异带给驾驶员的影响，满足香港连接线与港珠澳大桥交通控制匹配需求，从港珠澳大桥自身结构特点、气候特点、异常事件位置和影响范围、香港方跨界交通控制匹配需求四个方面考虑,提出了跨界交通分段控制的概念。

跨界交通主要将口岸人工岛至粤港分界线之间划分为两段。一是将口岸人工岛至西人工岛之间约22km的海中桥梁段作为主体段,二是将西岛-隧道-东岛-粤港分界线区段作为过渡段。

因此,如图4-2所示,港珠澳大桥跨界交通控制分为大桥主体段和过渡段(西岛-隧道-东岛-粤港分界线)两部分实施。

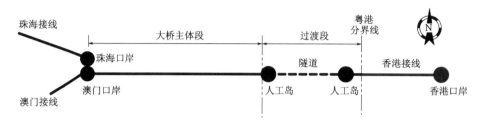

图4-2 跨界交通分段控制

4.3 港珠澳大桥跨界交通控制匹配

为了实现大桥主体段、过渡段以及香港连接线的交通控制匹配,在对交通控制设施和方法、内地交通控制相关法规条例,以及香港交通控制条例和经验研究的基础上,提出了跨界交通三原则:

(1)车速控制匹配;
(2)车道控制匹配;
(3)信息显示匹配。

4.3.1 跨界车速控制匹配

1)过渡段车速控制匹配要求

在不同事件情况下,大桥段根据内地相关交通法规条例,采取的限速值有100km/h、60km/h、50km/h、40km/h、20km/h五种;而香港连接线依据香港的交通法规条例,采取的限速值有100km/h、80km/h、50km/h三种;在隧道限速80km/h的情况下,大桥限速值与香港连接线限速值可形成15种车速组合。

大桥段-过渡段-香港连接线三者之间需要实现车速平滑过渡。

车速平滑过渡原则:

(1)隧道内的车速变化尽可能少,不多于两次变化,保证车速平稳,避免导致紧急制动的限速控制;

(2)相邻可变情报板限速差值一般不宜超过20km/h;

(3)若需要相邻可变情报板限速差值为30km/h或40km/h,则宜利用位于速度差中间位置的一套可变情报板进行事先提醒,如"前方限速40km/h"。

2)过渡段速度控制匹配图

考虑到香港连接线限速只有3种,大桥限速有5种,排列组合一共15种情况,以下举例对过渡段车速匹配情况进行说明。

(1)大桥限速60km/h与香港连接线限速100km/h匹配图(图4-3)。

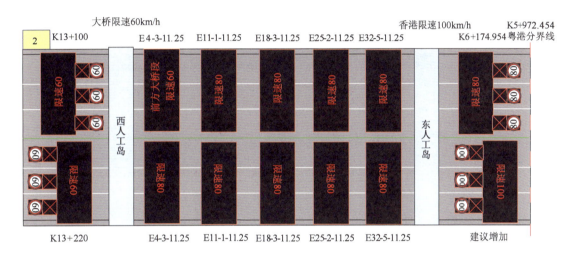

图4-3 车速匹配图一

当大桥主体段限速60km/h时,隧道全线限速80km/h,由香港驶向内地方向出隧道前,利用一套可变情报板预先进行限速提醒。

(2)大桥限速20km/h与香港连接线限速100km/h匹配图(图4-4)。

考虑到80km/h到20km/h的存在60km/h的减速差,由香港侧驶向内地方向的隧道侧限速60km/h,进行速度过渡,并利用一套可变情报板进行前方限速20km/h的预先提醒。

61

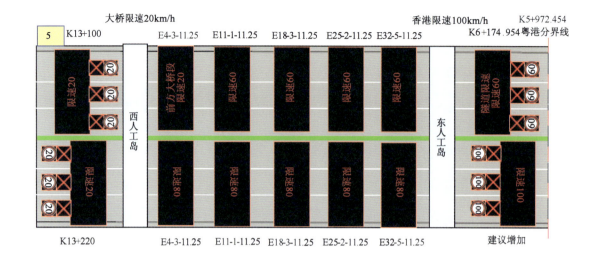

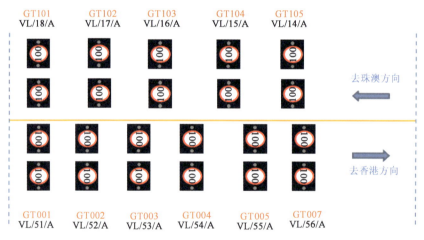

图 4-4　车速匹配图二

4.3.2　跨界车道控制匹配

根据香港路政署提供的 14 种车道控制模式图,以及过渡段(香港连接线衔接段-东岛-隧道-西岛)的交通控制设施,综合考虑香港连接线的车道控制需求和过渡段(西岛-隧道-东岛-香港连接线衔接段)的车道控制需求。为了实现过渡段的车道匹配交通控制,研究制定了 24 张车道控制图与香港方的 14 张车道控制图进行对应,以下举例说明(需要说明:车辆在隧道内不可以变道行驶,如果有特殊情况,视情况由大桥工作人员或交警指挥交通)。

跨界车道控制匹配原则：

（1）隧道内不可变道行驶，且同一条车道的车道控制信息显示相同；

（2）恢复正常时，需要车道控制设施做相应信息指示，如果没有车道控制设施，则保持按照原控制信息通行。

大桥与隧道衔接处或隧道与香港连接线衔接处有车道控制设施时，在不影响受车道控制区段的情况下，在进入隧道之前应预先做恢复车道的交通控制，以保证隧道的正常通行。

半幅封闭（去香港方向）如图 4-5 所示，适用情况：

（1）香港连接线（去香港方向）需要封闭半幅车道情况下，西岛-隧道-东岛的封闭相应半幅车道。

（2）西岛-隧道-东岛（去香港方向）需要封闭半幅车道情况下，香港连接线也需要封闭相应半幅车道。

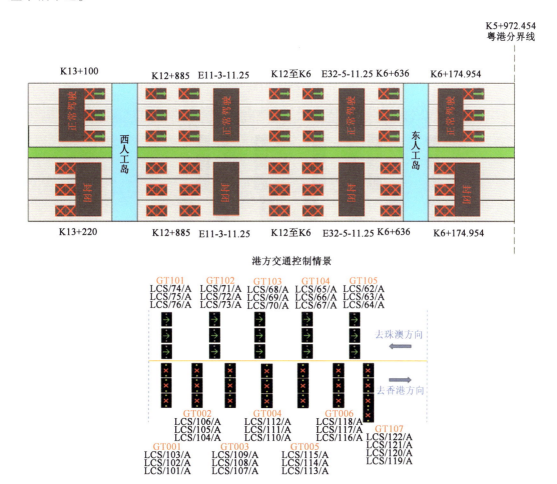

图 4-5　半幅封闭（去香港方向）

隧道或香港连接线中线车道封闭(去香港方向)如图4-6所示,适用情况:

(1)香港连接线(去香港方向)至粤港分界线附近(K6+174.954西侧)需要封闭中线车道情况下,西岛-隧道-东岛封闭相应中线车道。

(2)西岛-隧道-东岛(去香港方向)需要封闭中线车道情况下,香港连接线根据实际情况封闭相应中线车道,否则实施正常车道控制。

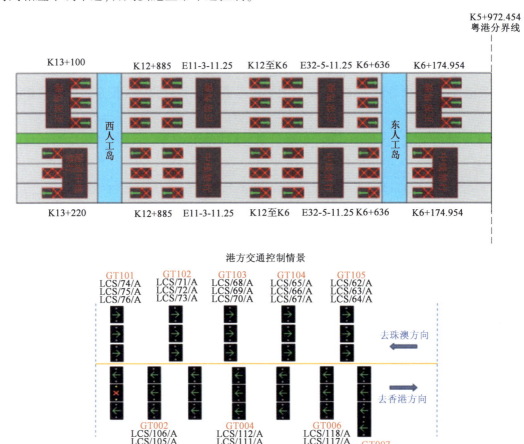

图4-6　隧道或香港连接线中线车道封闭(去香港方向)

香港连接线最左侧两条车道封闭(去香港方向)如图4-7所示,适用情况:

香港连接线(去香港方向)至粤港分界线附近(K6+174.954东侧)需要封闭最左侧两条车道情况下,西岛-隧道-东岛的相应车道控制匹配方法,即在西岛-隧道-东岛的最左侧车道禁行,同时在K6+174.954做靠最右侧车道行驶的车道控制。

隧道或香港连接线最右侧两条车道封闭(去珠澳方向)如图4-8所示,适用情况:

西岛-隧道-东岛(去珠澳方向)需要封闭最右侧两条车道情况下,香港连接线也需要做封闭相应最右侧两条车道的车道交通控制。

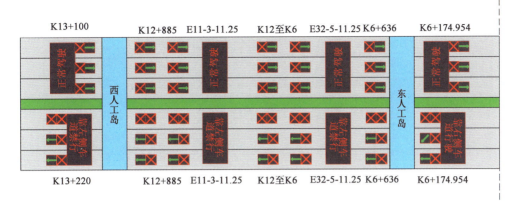

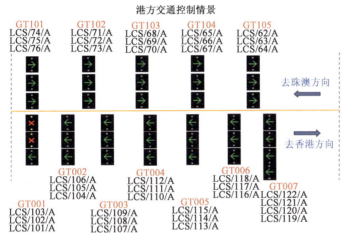

图 4-7 香港连接线最左侧两条车道封闭(去香港方向)

4.3.3 跨界交通控制信息匹配

对可变信息标志信息显示进行有效管理,将有利于信息实时、按序、组合的显示,并实现整体管理模式,从而减少交通拥挤、堵塞,避免事故发生,提高运营安全性。

可变情报板的信息一般包括:行车须知信息、特殊时段信息、道路状况信息、天气预警信息、跨界预警信息和其他信息。

1) 可变信息显示原则

(1) 明显性:必须能够明显地吸引道路使用者的注意。

(2) 易读性:必须能让道路使用者在有效的距离和时间内清楚地读取所显示的信息。若信息显示信息量过大,超过 10 个字时,可以采用上下两行同时显示的方法发布。

(3) 可靠性:信息的来源可靠,让驾驶员信赖,并及时采取相应的行动或措施。

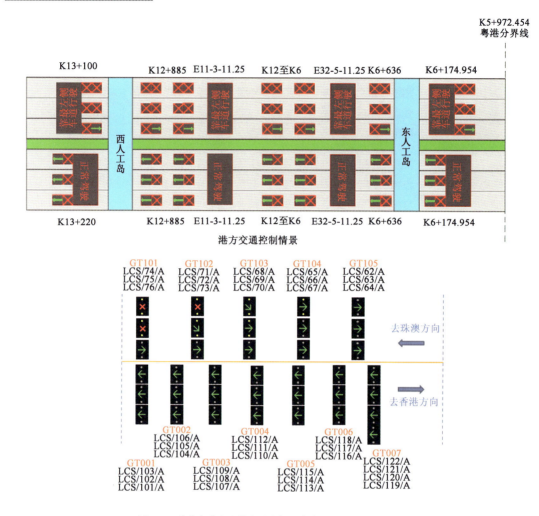

图4-8 隧道或香港连接线最右侧两条车道封闭(去珠澳方向)

2)跨界交通信息匹配原则

(1)专项性:跨界可变信息控制根据专项预案的具体情况来制定。

(2)连续性:过渡段的信息匹配需要做好包括速度信息的平滑过渡、各类预警信息的连续告知等。

(3)同步性和一致性:跨界信息应保持同步性和一致性,避免因信息不一致干扰交通正常运营状态。

4.4 港珠澳大桥跨界交通控制

4.4.1 交通控制等级划分方法

公安部发布的《关于修订道路交通事故等级划分标准的通知》按死伤人多少、经济损失大小等造成后果的严重程度不同,将交通事故严重程度分为轻微、一般、重大、特大事故四类。其中,死亡人数包括因交通事故而当场死亡和伤后 7 天内抢救无效死亡的人数。财产损失也待评估后才能确定。这种对事故严重程度的判断具有事后性,并且以伤亡人数和财产损失确定采取何种交通控制措施并不合适,因为事件本身的严重程度不能完全反映事件对交通的影响程度。《国家突发公共事件总体应急预案》《公路交通突发事件应急预案》等按照事故的性质、严重程度、可控性和影响范围等因素对事故级别进行划分。这种对事件应急级别划分的标准也不适用于对事件交通控制级别的划分。

香港青马管制区将事件定义为,事件是指发生在青马管制区或共管区内,需要运营商立即关注并采取相应措施的任何事情或者重大事件。事件分类主要考虑两个指标,一个是占用车道数,一个是车道关闭时间,将事件分为以下几类:

(1) 小事件

包括车辆故障、局部系统失效、路障,以及一些可被清理、不会引起严重交通拥堵的事件。

(2) 次要事件

导致双向三车道中的 1 条行车道单方向关闭超过 20min,或者双向三(或者四)车道中的 2 条行车道单方向关闭不超过 20min 的事件。

(3) 重要事件

导致 1 条道路任意方向任意时间段内的完全封闭,或者双向三车道中只有 1 条行车道(或者双向四车道中只有 2 条行车道)单方向可用时间超过 20min。

学者通过研究表明路段不同的饱和度对交通恢复时间有较大影响。

考虑港珠澳大桥在开通初期和运营一段时间后道路的饱和度是不一样的,并且在一天内不同时段的饱和度也不相同。经分析,在饱和度较低情况下发生交通事故,即使封闭两条车道也不影响交通正常通行,事故对交通影响较小。但当饱和度较高时,即使事故车辆仅占用 1 条车道,由于车流量大,事故路段后方出现严重排队,事故对交通影响较大。事故对交通的影响程度是判断采取何种控制措施的标准,因此,港珠澳大桥事件控制级别划分综合考虑事件占用车道数、车道关闭时间和饱和度三项指标。1 条车道封闭仿真模拟如图 4-9 所示。

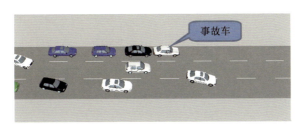

图 4-9 1 条车道封闭仿真模拟

由仿真数据表明事故占用车道数不同、V/C 值不同、事故持续时间不同,得到的最大排队长度有很大差别。目前国内对高速公路排队多长算是严重拥堵没有明确的划分标准,杭州湾大桥和舟山连岛大桥的应急预案中异常拥堵事件的判断是以排队长度是否达到 3km 作为不同响应级别的判断依据。据此借鉴两个项目的经验,将排队长度大于 3km 判定为对交通产生重大影响,最大排队长度小于 3km 的情况,初步划分为 100m 和 1km 两个级别。

由于在不同流量饱和度条件下,事故解除后滞留车辆的疏散能力是不同的,即在相同排队长度下,流量饱和度低的路段更有利于排队车辆的疏散,为此可通过排队消散时间对控制级别的初步划分进行修正。

通过仿真模拟与滞留车辆疏散时间的理论计算,交通控制级别的划分首先根据仿真获得的最大排队长度 3km、1km、100m 进行初步分级;参考排队消散时间理论计算值对初步划分结果进行修正,将控制等级分为四级,由Ⅳ至Ⅰ控制级别逐步升高。由此:

(1)在 1 条车道封闭情况下

V/C 值为 0.31,无排队发生,事故对道路交通正常通行影响不明显,控制级别为Ⅳ级。

V/C 值为 0.67,有排队产生,最大排队长度大于 100m,事故对道路交通产生明显影响,控制级别为Ⅲ级。

V/C 值为 0.86,事故持续时间 10min、最大排队长度大于 1km,事故对道路交通有较大影响,控制级别为Ⅱ级;事故持续时间 25min、最大排队长度大于 3km,事故对道路交通产生重大影响,控制级别为Ⅰ级。1 条车道封闭最大排队长度统计如图 4-10 所示。

(2)在 2 条车道封闭情况下

V/C 值为 0.31,事故持续时间 20min、最大排队长度大于 100m,控制级别为Ⅲ级。

V/C 值为 0.67,事故持续 10min、最大排队长度大于 1km,事故对道路交通影响较大,控制级别为Ⅱ级;事故持续 25min、最大排队长度接近 3km,事故对道路交通影响严重,控制级别为Ⅰ级。

V/C 值为 0.86,一旦发生事故,道路状况恶化剧烈,排队长度随事故持续时间急剧增长。事故持续 20min、最大排队长度大于 3km,事故对道路交通影响严重。但从排队消散时间分析在事故持续时间 10min 的情况下,排队消散时间就已经大于 30min。因此事故持续时间 10min 以上就应采取Ⅰ级控制。2 条车道关闭最大排队长度统计如图 4-11 所示。

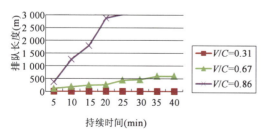

图 4-10 1 条车道封闭最大排队长度统计

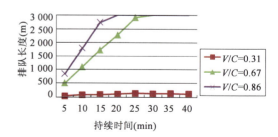

图 4-11 2 条车道封闭最大排队长度统计

由以上交通控制级别的判断依据和对道路交通影响程度的分析,将三车道高速公路交通控制级别划分如下:

(1)导致单方向 3 条车道封闭,事件交通控制级别为Ⅰ级;

(2)导致单方向 2 条车道封闭,事件交通控制级别见表 4-1;

单方向 2 条车道封闭事件控制等级 表 4-1

V/C	持续时间(min)					
	5	10	15	20	25	30
0.31	Ⅲ	Ⅲ	Ⅲ	Ⅲ	Ⅲ	Ⅲ
0.67	Ⅲ	Ⅱ	Ⅱ	Ⅱ	Ⅰ	Ⅰ
0.86	Ⅱ	Ⅰ	Ⅰ	Ⅰ	Ⅰ	Ⅰ

(3)导致单方向 1 条车道封闭,事件交通控制级别见表 4-2;

单方向 1 条车道封闭事件控制等级 表 4-2

V/C	持续时间(min)					
	5	10	15	20	25	30
0.31	Ⅳ	Ⅳ	Ⅳ	Ⅳ	Ⅳ	Ⅳ
0.67	Ⅲ	Ⅲ	Ⅲ	Ⅲ	Ⅲ	Ⅲ
0.86	Ⅲ	Ⅱ	Ⅱ	Ⅱ	Ⅰ	Ⅰ

(4)不封闭车道,占用路肩施工或救援,事件交通控制级别为Ⅳ级。

针对不同控制级别,建议通过以下措施实施交通控制:

控制级别Ⅳ级,在事发路段上游设置静态警示信息与限速标志,诱导过往车辆换道行驶,提示驾驶员慢行,适当控制车速。

控制级别Ⅲ级,在事发路段上游除设置静态警示信息与限速标志外,通过上游和相邻道路的可变信息设施发布事故信息,事发路段严格控制车速,并加强速度由高到低的平滑过渡。可能涉及与香港连接线协调控制。

控制级别Ⅱ级,除按控制级别Ⅲ级采取限速措施外,对通行车流量进行限制,收费站入口减少收费车道数,相邻道路发布事故信息,并诱导车辆更改出行路线。可能涉及与香港连接线、各口岸的协调控制。

控制级别Ⅰ级,道路全线封闭,相邻道路发布封路信息,疏导外围车辆。涉及范围最广,包括连接线、口岸以及区域路网协调控制。

4.4.2 交通流量控制措施时效性分析

交通流量控制是港珠澳大桥交通控制管理中重要的控制措施之一,通过流量控制可以减小事发路段的排队长度和疏散时间,利用交通波动理论对排队过程和消散过程进行分析,得出事故发生在不同位置和不同限制流量下排队消散时间,并通过仿真模拟进行验证。

1) 事故下交通波动过程

假设港珠澳大桥某处发生交通事故,导致事故车道不能通行,原来的 3 条服务车道变为 2 条或 1 条服务车道,事故点断面的通行能力降低,不能满足上游来车的交通需求,致使上游到达车流减速慢行,并且在事故点前变换车道,试图挤入其他车道通过事故点发生断面。当流量达到一定程度时,没有足够的间隙供车辆汇入,将产生拥堵,车流集结在一起,形成集结波向后传播,结成密度较高的列队。

2) 流量限制措施下车流波动过程

在不采取任何措施的情况下,交通事故产生的拥挤路段,尤其是重大交通事故产生的排队和阻塞会在很长时间内消除。为了加快由交通事故造成的拥挤和阻塞的快速消散,在事故上游限制或分流一部分交通流量。针对港珠澳大桥的实际情况,可通过珠澳口岸和收费站限制进入大桥的交通流量,低流量产生的干涉波对事故导致的阻塞和排队将产生消散作用。

3) 排队消散时效分析

在发生交通事故情况下若出现事故发生断面通行能力降低,不能满足后续车流的通行需求,在事故发生点上游将出现紊乱,产生拥挤,甚至排队。在不采取任何干涉措施的情况下只有当事故解除后,断面通行能力得到恢复,排队和拥挤才能逐步得到消除,直至恢复正常的交通流运行状态。若配置完善的监控设施,力争在最短时间内甄别事故,积极采取控制措施,对交通流进行干涉,可以有效地减弱事故对车流运行状态的影响,缩短排队消散时间。

现假设规定大桥事故发生后 3min 被发现,阻塞路段通过量 Q_b 为 2 100pcu/h,拥挤路段的行车速度为 30km/h,单向最大通行能力为 6 300pcu/h。事故点距离收费站(干涉措施起始点)的距离为 M,基本路段车流量为 Q_a、限制流量为 Q_g,根据以上条件,不同交通状态下阻塞路段排队消除时间 t_{g0} 的计算值见表 4-3。

流量控制措施作用下阻塞路段排队消除时间计算表(单位:min)　　表 4-3

Q_a(pcu/h)	Q_g(pcu/h)	t_{g0}			
		$M=5$km	$M=10$km	$M=15$km	$M=20$km
2 500	1 500	10	16	21	26
	1 200	9	13	18	22
	900	8	12	17	21
	600	8	12	16	19
	0	7	11	14	18

续上表

Q_a(pcu/h)	Q_g(pcu/h)	t_{g0}			
		$M=5$km	$M=10$km	$M=15$km	$M=20$km
3 000	1 500	15	23	31	39
	1 200	12	18	25	31
	900	11	16	22	27
	600	10	15	20	24
	0	9	13	17	21
4 000	1 500	26	40	54	68
	1 200	20	30	40	50
	900	16	25	33	42
	600	14	21	29	36
	0	12	18	24	30

4) 仿真模拟

通过仿真软件进行模拟验证，事故发生 3min 后采取限流措施，基本路段车流量 Q_a 为 3 000pcu/h，根据事故发生的不同位置和不同限制流量对排队消散时间进行模拟，以行车速度大于 10km/h 判断为不排队，仿真结果统计见表 4-4。排队消散仿真模拟如图 4-12 所示。

限流措施作用下排队消除时间仿真结果（单位：min） 表 4-4

Q_a(pcu/h)	Q_g(pcu/h)	t_{g0}			
		$M=5$km	$M=10$km	$M=15$km	$M=20$km
3 000	1 500	14	18	26	30
	1 200	12	16	19	22
	900	10	15	17	20
	600	9	12	16	19
	0	8	12	15	17

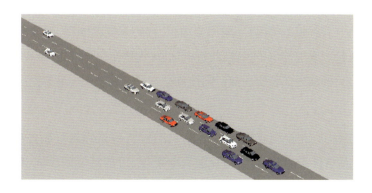

图 4-12 排队消散仿真模拟

由仿真数据与理论计算值相比较,两者之间差值并不较大,尤其是当事故地点距离干涉措施发出点较近时,差值较小。分析其原因,理论计算的速度是定值,而仿真中行车速度是一个分布值;仿真中驾驶行为特性,包括换道、车头间距等也对排队消散时间产生影响。

通过对排队消散时间的研究,给出了不同流量下典型消散时间指标,可以为运营期交通控制措施提供参考数据,经过实践的检验及修正后可以较为准确地为交通控制预案提供支撑。

4.5 港珠澳大桥跨界交通控制流程

港珠澳大桥跨界交通控制流程由一系列过程组成,主要包括事件监测与预警、事件信息发布、交通控制响应、交通结束等过程,其中交通控制响应是关键。

4.5.1 事件监测

1) 事件信息来源

事件信息来源主要包括政府部门公开发布的预警预报信息(如气象灾害预警、地质灾害预警等);在港、珠、澳三地气象信息互通(通过网络实时交换)基础上采集的大桥及三地气象(包括台风、暴雨、雷电、冰雹、高温、大雾)信息;大桥自动监控系统发现的异常交通事件、环境、隧道观景监测及恐怖事件等信息;养护部门发布的计划性施工作业事件;长期观测总结的周期性交通事件;大桥监控室值班人员、巡逻人员、驾驶员和其他人员的报警信息;出现危及大桥安全的船舶时,VTS 船舶交通管理系统发出的预警警示信息;新闻媒体发布的相关信息;三地联络员发布的信息;通过口岸信息共享平台,得到的口岸区交通事故,偷渡边检等信息;通过连接线信息共享平台,得到的连接线交通事件信息;港、珠、澳三地警方、海事、边防、医疗、飞行救助、消防等相关部门共享的信息;对可能发生的重特大事件,经突发事件风险评价、风险评估得出的发展趋势报告。

2) 事件监测方法

利用电视、网络、广播、报纸等途径;利用摄像机、视频车辆检测器、微波车辆检测器、气象检测器、桥梁结构健康检测系统等电子装置;通过电话、火灾按钮、车载报警装置等途径实现的驾驶员和其他人员报警;大桥局内部各职能部门间信息交互;与三地口岸、港澳连接线进行信息交互。

3) 事件确认

港珠澳大桥监控中心在检测或接到突发事件信息后,应迅速进行事件确认。三地口岸与连接线事件确认包括事件发生的地点、对交通影响程度、可能持续的时间,事件确认的方式包括:电话确认、视频传输、传真。大桥主体事件确认包括事件发生的地点(说明行车方向)、时间、车辆数、人数、程度(包括伤亡、损失等)、事件原因、占用车道数、可能持续时间、现场状况等的记录与核实,并对事件交通控制等级进行初步判断。事件确认通常由监控中心操作员根据摄像机或与事件现场的工作人员进行交流来实现。事件确认的方式包括:摄像机视频确认、巡逻车(巡航船)现场确认、求救电话确认和综合确认。

五大类事件以及典型事件的信息来源与监控详见第 5 章。

4.5.2 事件信息发布

事件信息发布的内容主要有以下几方面:施工作业事件包括施工作业内容、占用车道数、占用车道长度、持续时间、对通行的限制等。设施损坏事件包括设施损坏事件发生的时间、地点、所占车道、原因、对车辆通行的影响以及目前的处置措施等。交通拥堵事件包括通行速度、区段范围、预计持续时间、对通行的限制等。交通事故包括交通事故发生的地点、所占车道、可能持续时间、类型、伤亡情况和对通行的影响等。异常收费事件包括异常收费事件发生的时间、收费车道、原因、对车辆通过的影响以及目前的处置措施等。气象灾害预警信息包括预警时间、预警级别、可能影响的范围、未来发展趋势、发布机关(或信息来源)、可能引起的人员伤亡情况、可能引起的损失情况、警示事项、已采取的措施等。其他突发性事件包括事件发生的时间、地点、所占车道、类型和对通行的影响等。

事件信息告知的方式主要包括:交通广播告知、路侧广播告知、可变情报板告知、电话告知、短信告知、互联网告知、多方式综合告知等。

4.5.3 交通控制响应

结合港珠澳大桥交通控制等级划分与组织机构体系,针对大桥主体范围内不同等级事件制定相应的联动控制响应流程。Ⅲ级响应时的总体流程如图 4-13 所示。

4.5.4 交通控制结束

交通控制结束条件包括:救援车辆驶离现场;现场其他人员被送至安全场所;故障车辆被拖至安全地点;排队消散,通行能力恢复;路面遗撒物被清除;受损路面修复,可通行车辆;路侧受损设施维修完毕,工程车辆驶离现场;沿线交通监控设施运行正常;气象条件不影响车辆安全通行;连接线、口岸以及其他临近区域控制禁令解除。

控制响应终止后,总结评估小组负责编写控制响应总结,控制响应总结应至少包括但不限于以下内容:事故情况,包括事故发生时间、方向、地点、所占车道、影响范围、车数车型、事故形态、人员伤亡情况、财产损失、气象情况、事故发生初步原因;控制方案实施过程;记录重要时间指标,包括接警到达现场、事件排除时间、排队消散时间、控制解除时间等;控制过程中使用的设备资源、数量、人员安排情况;控制过程中遇到的问题、取得的经验和应吸取的教训;评估联动控制的有效性,提出对预案的修改建议。

港珠澳大桥跨界交通管理

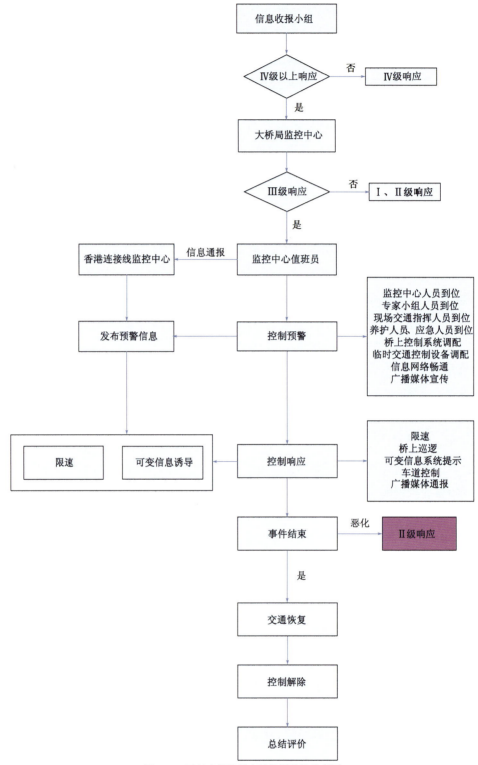

图 4-13　Ⅲ级事件跨界交通控制总体流程图

本章参考文献

[1] 鲍钢,邹杰.广东省高速公路联网监控、通信系统技术要求研究及其推广应用[J].交通工程,2013(1):216-218.

[2] 珠海市交通运输局2011年度责任白皮书.珠海市人民政府办公室,2011.

[3] 1981—2010年天文台有雾日数的月平均值.香港天文台.http://www.weather.gov.hk/cis/normal/1981_2010/normals_c.htm.

[4] 吴震.面向事件的城市道路信号控制理论与方法研究[D].上海:同济大学交通运输工程学院,2008.

[5] 何锭.专家系统在高速公路事件管理中的应用研究[D].南京:东南大学,2006.

[6] 郭魁明.城市交通紧急事件交通组织管理关键技术研究[D].天津:河北工业大学建筑与土木工程,2007.

[7] 王建军,邓亚娟.路网环境下高速公路交通事故影响传播分析与控制[M].北京:科学出版社,2010:15-23.

[8] 孙明玲,杨峰,等.基于交通波动理论的排队消散时效分析[J].公路交通科技,2013,30(10):112-116.

[9] 梁新荣,刘智勇,徐建闽,等.高速公路多路段的模糊逻辑协调控制[J].华南理工大学学报(自然科学版),2005,33(9):35-40.

[10] 杨晓光.基于ITS的高速公路紧急救援管理系统研究[J].上海公路,2002(1).

[11] 杨晓光.高速公路交通事故预防与紧急救援系统[J].公路交通科技,1998(12).

[12] 戢晓峰,刘澜,吴其刚.区域路网交通信息提取方法[J].西南交通大学学报,2008,43(3):422-426.

[13] 刘智勇,吴今培,万百五.高速公路智能交通控制系统的建模及多层描述[J].公路交通科技,1998,15(1):39-44.

[14] 许宏科.高速公路隧道安全运营管理及其综合评价研究[D].西安:长安大学,2006.

[15] 施炜.交通应急模型及其算法研究[D].杭州:浙江大学计算机科学与技术学院,2009.

[16] 彭雅芳.交通事件视频检测系统中图像处理算法的研究[D].武汉:武汉理工大学,2009.

[17] 廖志高.高速公路隧道运营安全管理对策研究[D].上海:同济大学交通运输工程学院,2008.

[18] 覃频频.基于信息融合的高速公路事件检测建模与仿真[D].重庆:西南交通大学,2007.

[19] 王晓飞.灾变条件下通道路网运营安全管理及应急处置研究[D].上海:同济大学交通运输工程学院,2008.

[20] Sun Mingling, Liu huixue, Zhao jiandong. Traffic control classification standard of expressway incident section [J]. CDMA 2013:1622-1626.

第 5 章　港珠澳大桥跨界联动应急处置

应急处置是保障道路安全畅通运营的又一项重要内容。港珠澳大桥连接地理环境复杂多样的珠江三地,使其在运营期可能面临众多方面的突发事件,且这些突发事件往往具有复杂性、联动性与跨界性的特点,需要三地交通管理和应急管理部门联合处置。然而,港珠澳大桥交通管理和应急管理涉及的部门众多,各部门管理模式不同,且三地交通事件响应分级标准和响应措施也存在差异,因此港珠澳大桥跨界联动应急处置解决了三地交通管理和应急管理部门间的联动协调和事件响应等级、措施的匹配问题,同时也提出了具体的工作流程。

5.1　公路交通突发事件应急处置概况

5.1.1　三地应急资源现状

1)珠海救援资源现状

(1)珠海市连接线救援资源现状

港珠澳大桥珠海连接线在珠澳口岸人工岛外设有救援站,配备有牵引车、抢修车、清障车、消防车等装备。

(2)珠海市公安消防局救援资源现状

珠海市公安消防局有 7 个大队、13 个支队、67 辆消防车、1 艘消防救援船,还有一些兼职消防队。其中,距离港珠澳大桥最近的为拱北支队,其距离南湾互通 4km。

(3)珠海市海事局(珠海市海上搜救中心)救援资源现状

海上搜救分为四级体制:中国海上搜救中心-广东省海上搜救中心-珠海市海上搜救中心-成员单位。

设施:目前海上搜救中心主要联络的有船单位包括渔政、边防、海关、警备区船员大队、海事局、南海救助局。

对于港珠澳大桥附近水域的救助,九洲港附近的海事、边防的船只可以参与港珠澳大桥附近的海域的救助,桂山附近有值守船,也可以参与救助。九洲港目前有海巡 151 以及几艘快艇,到达西人工岛大约 30min。

(4) 珠海市政府应急管理办公室救援资源现状

在应急救援队伍体系方面,按照"平战结合、一队多用、一专多能"的要求,珠海市依托公安消防部队,建立了市综合应急救援支队、区综合应急救援大队,在镇(街)建立了综合应急救援中队,在社区(村)建立了综合应急救援分队,在企业建立了综合应急救援小组。市、区政府相关职能部门根据应急工作需要,牵头组建了 10 多支专业应急救援队伍、40 多支突发事件信息员和灾害信息员队伍。依托市红十字会,还建立了珠海红十字应急志愿服务大队和珠海市青年志愿者协会地震救援服务大队。

在应急物资储备网络方面,珠海市每年安排应急管理储备专项基金,已初步建成救灾、防汛、药品、生活必需品、反恐等应急物资储备网络。

2) 港澳连接线救援资源

港珠澳大桥在香港口岸和澳门口岸区均设有警察、消防、救援、救护等派出机构和设备设施,但基于香港、澳门目前的法律规定,消防、救援等力量不得跨界处置。根据香港有关法律规定,在香港管辖范围内将根据规定的到达事件现场的事件要求,将调配消防救援等机构。

3) 港珠澳大桥主体工程救援资源配置

港珠澳大桥主体工程上设置了三处人工岛:珠澳人工岛、隧道两端的西人工岛和东人工岛,在珠海连接线上设有港珠澳管理中心。3 个人工岛上均设有应急救援站及消防派出机构,港珠澳管理中心处设置了联合救援指挥中心。

5.1.2 粤港澳现有合作协议

(1) 中国海关总署与香港海关于 2000 年签署了合作互助安排协议。双方同意遵照《中华人民共和国香港特别行政区基本法》,在"一国两制"的框架内,通过建立两个不同关税地区相互支持的合作与互助模式,在相互尊重两地法律制度的基础上,在各自的权限和能力的范围内开展双方的合作与互助,以保证海关法的正确实施,打击违反海关法的行为。具体合作内容包括情报交换、货物核查、对涉嫌违反海关法的人员、物品及交通工具进行特别监视、打击麻醉品和精神药物的非法贩运等。

(2) 深圳海关与香港海关于 2007 年签署了合作备忘录,双方的合作以"先易后难"为原则,已采取减少重复查验、通关动态信息交换、查验设备协作分析、事务协调与反走私情报交换等具体合作措施。深圳湾口岸于 2007 年 7 月 1 日开通,实施一地两检的通关制度;深港双方政府经过大约两年的准备期,还签署了《关于深圳湾口岸有关重大事宜的合作安排》与《深圳湾口岸运作实施方案》(港方的起草单位包括香港政府联合工作小组、保安局、律政司、政府法律顾问单位等),前者是指导深圳湾口岸建设运营的纲领性文件,后者是落实前者内容的制度性文件,对口岸布局、口岸监管、口岸通关与检验检疫、口岸区域环境保护、口岸设施管理与养护、口岸应急处置等方面的具体工作均作部署。

（3）2010年2月底，粤港澳三地政府签署了《港珠澳大桥建设、运营、维护及管理协议》。根据该协议，三地通过更紧密的沟通，在友好协商并按照属地法律原则下，三地政府共同对港珠澳大桥项目的各项事务进行处理及推展，协议同时就大桥的建设、运营、维护及管理制订出三地之间的合作关系和权责。

（4）广东省警方与香港警方已建立起跨界联络制度，包括边境联络工作年会制度、粤港陆路口岸现场事件通报及处理机制、粤港应急管理联动机制处理专责小组等具体内容。在深圳湾口岸，粤港警方也实施了实时信息通报制度，并有定期会晤机制。在深圳湾口岸，香港警务处实施旅检、车检、货检等项检查，并设有警察行动基地与消防分局，属天水围警区管辖。共有85名香港警务人员驻守在深圳湾口岸，提供24小时的服务，其职责包括报案中心、出入境大楼、公共运输交汇处、车底检查、检查站、危险品/违禁品检查与处理等事务，其执法范围为深圳湾口岸的香港辖区。对于深圳湾口岸的特定行动（如接待贵宾、大型体育活动、公共卫生），警务处有专门的警务安排；对于深圳湾口岸的天灾、恐怖袭击、生化辐核事件、大型交通事件等突发事件，警务处均制订了应对方案。在特殊条件下，还可调动附近香港警区的资源，支援深圳湾口岸的警务。

（5）广东省与澳门签署有联动机制，启动预案后，由省消防总队下达珠海市公安消防局，过海关有专用通行证，属于增援性质；主要的联络方式为电话。

（6）在深圳湾口岸处，香港消防处与大陆相关方面的应急合作实行"先救援、后通报"的原则，在紧急事件发生时先实施应急救援、后相互通报，拥有事故地点处管辖权的一方负责应急救援的现场指挥。在陆上应急救援预案中，对该原则进行了明确与细化；在海上应急救援预案中，对香港海上搜救中心与广东省海上搜救中心的合作机制也作了规定。在深圳湾口岸内的消防站内，均配备了适合对方消防装置的适配器与消防栓开关。对于深圳湾大桥，深港双方还建立了应急救援联合演习机制。

5.1.3 公路交通应急预案体系现状

1）应急预案的功能和组成

应急预案又称应急计划，是针对可能的重大事故（件）或灾害，为保证迅速、有序、有效地开展应急与救援行动、降低事故损失而预先制订的有关计划或方案。它是在辨识和评估潜在的重大危险、事故类型、发生的可能性、发生过程，事故后果及影响严重程度的基础上，对应急机构与职责、人员、技术、装备、设施（备）、物资、救援行动及其指挥与协调等方面预先做出的具体安排。

应急预案是针对可能发生的重大事故所需的应急准备和应急行动而制订的指导性文件，

其核心内容应包括:对紧急情况或事故灾害及其后果的预测、辨识、评价;应急机构的职责分配;应急救援行动的指挥与协调;应急救援中可用的人员、设备、设施、物资、经费保障和其他资源,包括社会和外部援助资源等;在紧急情况或事故灾害发生时保护生命、财产和环境安全的措施;现场恢复;其他,如应急培训和演练规定,法律法规要求,预案的管理等。

应急预案的编制过程主要包括以下三个步骤:

(1)危险分析

危险分析是应急预案编制的基础和关键过程。危险分析的结果不仅有助于确定需要重点考虑的危险,提供划分预案编制优先级别的依据,而且也为应急预案的编制、应急准备和应急响应提供必要的信息和资料。

(2)应急能力评估

依据危险分析的结果,对已有的应急资源和应急能力进行评估,包括城市应急资源的评估和企业应急资源的评估,明确应急救援的需求和不足。应急资源包括应急人员、应急设施(备)、装备和物资等;应急能力包括人员的技术、经验和接受的培训等。应急资源和能力将直接影响应急行动的快速有效性。预案制定时应当在评价与潜在危险相适应的应急资源和能力的基础上,选择最现实,最有效的应急策略。

(3)编制应急预案

应急预案的编制必须基于事故风险的分析结果,应急资源的需求和现状以及有关的法律法规要求。此外,预案编制时应充分收集和参阅已有的应急预案,最大可能减少工作量和避免应急预案的重复和交叉,并确保与其他相关应急预案的协调和一致。在设计应急预案编制格式时则应考虑:

①合理组织。应合理地组织预案的章节,以便每个不同的读者能快速地找到各自所需要的信息,避免从一堆不相关的信息中去查找所需要的信息。

②连续性。保证应急预案各个章节及其组成部分,在内容上的相互衔接,避免内容出现明显的位置不当。

③一致性。保证应急预案的每个部分都采用相似的逻辑结构来组织内容。

④兼容性。应急预案的格式应尽量采取与上级机构一致的格式,以便各级应急预案能更好地协调和对应。

2)全国突发公共事件应急预案体系

依据《国家突发公共事件总体应急预案》,全国突发公共事件应急预案体系包括:

(1)突发公共事件总体应急预案。总体应急预案是全国应急预案体系的总纲,是国务院应对特别重大突发公共事件的规范性文件。

(2)突发公共事件专项应急预案。专项应急预案主要是国务院及其有关部门为应对某一类型或某几种类型突发公共事件而制定的应急预案。

(3) 突发公共事件部门应急预案。部门应急预案是国务院有关部门根据总体应急预案、专项应急预案和部门职责为应对突发公共事件制定的预案。

(4) 突发公共事件地方应急预案。具体包括:省级人民政府的突发公共事件总体应急预案、专项应急预案和部门应急预案;各市(地)、县(市)人民政府及其基层政权组织的突发公共事件应急预案。上述预案在省级人民政府的领导下,按照分类管理、分级负责的原则,由地方人民政府及其有关部门分别制定。

(5) 企事业单位根据有关法律法规制定的应急预案。

(6) 举办大型会展和文化体育等重大活动,主办单位应当制定应急预案。

各类预案将根据实际情况变化不断补充、完善。

3) 广东省突发事件应急预案体系

根据《广东省突发事件总体应急预案》,广东省突发事件应急预案体系包括:

(1) 广东省突发事件总体应急预案。广东省总体应急预案是全省应急预案体系的总纲,是全省协助应对各类特别重大、应对重大突发事件的规范性文件。

(2) 广东省突发事件专项应急预案。广东省专项应急预案主要是省人民政府及其有关部门(单位)为应对某一类型或某几种类型突发事件制定的应急预案。

(3) 广东省突发事件部门应急预案。广东省部门应急预案是省人民政府有关部门(单位)根据省总体应急预案、省专项应急预案和部门(单位)职责,为应对突发事件制定的应急预案。

(4) 突发事件地方应急预案。具体包括:各地级以上市人民政府制定的突发事件总体应急预案、专项应急预案和部门应急预案;各县(市、区)人民政府及其基层组织制定的突发事件应急预案。

(5) 企事业单位应急预案。企事业单位根据有关法律法规制定的应急预案。

(6) 重大活动应急预案。举办大型会展和文化体育等重大活动,主办单位制定的应急预案。

各类应急预案要根据省的有关法规规章和本预案的规定及实际情况变化,不断补充、完善。应急预案制定部门(单位)必要时要制定预案操作手册。

4) 珠海市突发事件应急预案体系

根据《珠海市突发事件总体应急预案》,珠海市应急预案体系分市、区(横琴新区、经济功能区)、镇(街道)三级管理,由总体应急预案、专项应急预案、部门应急预案、应急保障预案及单位应急预案、大型群众性活动应急预案等组成。

5) 香港紧急应变计划体系

香港的主要紧急应变计划包括香港空难应变计划、挽救失事飞机应变计划、天灾应变计划、海空搜索及救援——政策训令、大亚湾应变计划。

5.2　三地联动应急处置内容与原则

5.2.1　三地联动应急处置范围

对三地联动救援范围的合理划定,是顺利实现三地联动救援的基础。港珠澳大桥主体工程与香港连接线直接相连,其交通为一整体,若一方发生事故,则不可避免的影响到另一方。突发事件(包括低能见度、强风、交通事故和火灾)情况下,大桥与香港连接线的联动需求最为明显,为保证大桥安全,与香港连接线的联动救援是必要的。

口岸区与大桥联系紧密,若口岸区发生事故,很有可能影响大桥运营,此时,口岸需要将事故情况告知管理局,方便管理局部署大桥的应急救援。此外,大桥发生事故时,需要口岸协助进行信息发布、交通控制、车辆疏散等,在重大事故联合救援情况下,口岸区还需为救援车辆和人员开辟快速通道等,因此,将口岸纳入三地联动救援范围是必要的。

以三个口岸为界,以外的区域若发生紧急事件,基本不会影响大桥交通,并且事故的救援可由属地救援单位组织,超出管理局的可管辖范围。

由此,确定港珠澳大桥三地联动救援范围为三个口岸之间的区域,即:香港口岸、香港连接线、港珠澳大桥主体工程(起自粤港分界线,止于珠海/澳门口岸人工岛)、珠海口岸、澳门口岸发生的各类突发事件应急救援工作,其中海底特长隧道段又是联动救援的重点区域。

5.2.2　三地联动应急处置内容

三地联动救援内容包括:港珠澳大桥运营期发生于联动救援范围内的人员伤亡、财产损失、火灾事件;以及易造成人员伤亡和财产损失,需及时处置的突发事件,如低能见度事件和强风事件。其中低能见度会造成车辆滞留、交通堵塞,甚至引发严重的交通事故,带来惨重的人员伤亡和巨大的经济损失;强风天气造成行车过程中车辆的横向失稳而发生交通事故,带来惨重的人员伤亡和巨大的经济损失,而且由之将引起严重的交通阻塞问题,降低大桥运力。

5.2.3　三地联动救援原则

三地联动救援应遵循以下原则:

1)安全第一,以人为本

把保障人民群众的生命安全和身体健康,最大限度预防和减少突发事件所造成的损失作为首要任务,从思想上认识安全的重要性,在行动上做到以人为本。人是安全生产中的重要因素,安全工作的实践主体是人,目的是对人的生命权益的维护,安全生产的一切措施都要落实到人的身上。要加强安全工作宣传教育和培训,不断强化全民安全意识和自我保护能力。

坚持做到科学防范和严格管理,在事故未发生时充分做好预防工作,不断提高安全技术手段;在事故发生后,立即营救受伤人员,组织撤离或采取其他措施,保护危害区域内的其他人员。

2)时效优先,快速处置

事故发生后尽快施救,缩短被困伤员的获救时间,时间是减少事故死亡率的关键,交通事故发生后的30min被称为"生命黄金半小时"。为最大限度减少生命财产损失,在三地联动救援的基础上,以救援时效为先决条件,调度三地救援力量尽快到达现场,在最短时间内抢救伤员;合理组织救援力量,快速处理现场,力求减弱事故对大桥交通的影响,使大桥尽快恢复正常运行,降低因发生事故导致的经济损失,实现交通事故损害后果的最小化及社会效益的最大化。

3)区域协作,资源共享

事故应急救援是一项涉及面广、专业性强的工作,重大事故具有发生突然、扩散迅速、危害范围广的特点,要求救援行动必须迅速、准确和有效,仅靠某一个部门很难独立完成,因此,救援工作实行协调工作,根据事故发展情况,采取自救与联动救援相结合的形式,建立联动应急与救援制度,完善资源共享下的港珠澳应急联动管理体系,实现大桥与港、珠、澳部门间的信息共享与协调合作,充分利用港珠澳整体资源,提高应急处置能力,有效地组织和实施应急救援,尽可能避免和减少损失。

4)预防为主,分级响应

增强忧患意识,树立"预防为主"的思想,提高人员防范意识,根据对大桥交通状况的研究,积极主动的做好预案演练、宣传和培训工作,加强大桥的日常监控,针对可能出现的风险,提前做好现场监控和预防措施。事故发生后,指挥中心应迅速、果断做出反应,启动应急救援预案。同时,根据事故的危害程度、影响范围和控制事件的需要,迅速判断事故可能的后果,在满足救援需要的基础上,按分级响应要求,进行事故处置。

5.2.4 三地联动需求分析

1)救援时效需求

三地联动救援是为了更加快捷高效地处理交通事件,缩短响应时间,从而减少事故损失并尽快恢复港珠澳大桥交通。在港珠澳大桥五大类事件中,交通事故和火灾发生频率高,且其响应时间很大程度的影响了事故后果的严重性。然而,由于港珠澳大桥的地理位置、组成的特殊性,主体工程段和相连接线都位于海上,一旦发生交通事故和火灾,引发车辆损毁或人员伤亡,救援工作难度很大。特别是靠近粤港分界线处有长达6km的特长海底隧道,更是风险防范的重点。港珠澳大桥海底隧道人员安全疏散可用时间的研究结论为10min,当海底隧道发生例如火灾引发的需要外部力量紧急救援的事件时,来自香港救援力量的协助和增援将更有助于事件的及时处理,可见交通事故和火灾对三地联动需求非常明显。

2）信息交换需求

三地信息交换是实现联动救援的基础和保障。三地由港珠澳大桥相连,这使得任何一方的连接线或口岸发生拥堵、交通事故等事件,都会影响整条大桥的正常运营,此时需要通过信息共享来实现协同联动。

对港珠澳大桥交通影响最为频繁的特殊天气有强风和低能见度。据统计,海陆交界区域受大雾影响严重,而远离陆地区域受大雾影响会逐渐减轻。例如,香港青马大桥自开通以来未遇到因大雾引起的交通管控,而珠海至香港的海上航线则经常因大雾取消航班,可见港珠澳大桥靠近香港受海雾的影响比珠海侧轻微。同时,对于长达6km的海中隧道,低能见度天气对隧道内的通行不会造成影响,但驶出隧道时则需要根据低能见度的实际情况实行车速控制。海雾的区域性分布导致大桥不同段的交通控制措施不同,并且根据海雾位置和浓度的变化,需要实时调整交通控制措施。可见,强风和低能见度天气下需要三地实时的信息共享,对三地联动需求明显。

3）等级匹配和措施一致需求

香港与内地在低能见度条件下的交通控制标准不尽相同,例如两地对于低能见度级别划分及限速值都不同。这些特点使低能见度条件下的跨界交通控制变得更加复杂,需要根据低能见度的级别和影响范围进行调整,在具体措施上还需要兼顾粤港两地间的标准。

对于强风天气,香港有明确的分级标准和交通控制措施,在风速达到一定级别时将关闭道路。而大陆对于强风条件下没有相应的交通控制标准,在香港段采取措施后,主体工程段、珠海口岸及接线、澳门口岸及接线都需要配合行动。当香港风速达到关闭道路的条件时,情况将变得更加复杂,整个港珠澳大桥的其他部分都需要配合香港段完成通道关闭的操作。

在低能见度和强风事件下对于跨界交通控制的需求多体现在车速控制的过渡和衔接,车道控制的过渡与衔接,以及信息指引与提示的配合等。

5.3 港珠澳大桥典型事件及其危害

5.3.1 港珠澳大桥气候条件统计分析

港珠澳大桥跨越珠江口伶仃洋海域,大桥区域北靠亚洲大陆,南临热带海洋（南海）,气候温暖潮湿,属南亚热带海洋性季风气候区。天气特点总体来说温暖潮湿、气温年相差不大,降水多,强度大。珠海侧属于近海区域,海雾发生频率高。而强降水和海雾是影响能见度的重要因素。

此外,受欧亚大陆和热带海洋的交替影响,该区域天气气候复杂多变,灾害性天气频繁,桥位区处于台风路径上,登陆和影响桥位的台风十分频繁,凡登陆、影响珠江三角洲、粤西沿海和在南海北部活动的热带气旋,对桥区均可造成较大影响。

1)海雾发生规律

根据香港和澳门1981—2010年30年气象元素统计值,港澳有雾日数的月平均值见表5-1,珠海可参照澳门的数据。由表可知,香港海雾集中月份为1—4月,澳门海雾集中月份为1—5月。此外,据有关统计数据,一天中海雾的主要发生时段为上午5:00—8:00。

港珠澳三地有雾日数的月平均值　　　　表5-1

月份	雾日数(能见度低于1 000m)		月份	雾日数(能见度低于1 000m)	
	香港	澳门		香港	澳门
1月	4.64	1.70	8月	1.48	0.00
2月	3.27	3.50	9月	1.92	0.00
3月	3.62	6.30	10月	2.62	0.04
4月	3.38	4.90	11月	1.94	0.10
5月	1.67	0.50	12月	3.43	0.5
6月	0.48	0.04	年值	28.85	17.60
7月	0.36	0.04			

2)强风发生规律

参考《港珠澳大桥桥位气象观测和风参数专题研究年度报告》,大桥强风天气发生规律见表5-2。

港珠澳大桥强风天气发生规律　　　　表5-2

风力等级	风速(km/h)	出现天数(d)	最长持续天数(d)	出现频率(%)	出现月份
6级	39~49	188~215	28	55	1—2
7级	50~61	77~101	6	25	1—3
8级	62~74	29~35	4	9	3
9级	75~88	9~12	2	3	3,8
10级	89~102	5~6	2	2	8

5.3.2 突发事件危害分析

1)低能见度危害

世界各国高速公路运行管理经验表明:在所有不利气候条件中,大雾对高速公路运行所产生的危害最大。近年来,雾几乎成为高速公路运输的头号"杀手"。据调查,在一些大雾多发地区的高速公路路段,因大雾引发的交通事故的死亡率达40%。而且由于高速公路具有车流量大、行车速度快等特点,一旦雾天发生交通事故,经常会引起连锁反应,最终形成多车连环追尾相撞的重、特大恶性交通。低能见度会影响驾驶员通过视力所收集的交通情况,从而使驾驶员不能对行车情况和突发状况做出有效反应。低能见度会造成车辆滞留、交通堵塞,甚至引发严重的交通事故,带来惨重的人员伤亡和巨大的经济损失。因此,低能见度对大桥来说是高危险事件。

就大桥而言,低能见度的具体危险见表5-3。

低能见度危险　　　　　　　　　　　　　　　　　　　表5-3

影响对象	危害
港珠澳大桥道路交通	易造成交通事故,增加事故严重程度; 影响交通运输效率; 影响大桥运营监控
港珠澳大桥附近海运交通	易造成船撞桥事故

2)强风危害

强风天气下桥面横风的影响改变了汽车的受力状态,使车辆所受的横向力成倍增大,造成行车过程中的横向失稳而发生交通事故,带来惨重的人员伤亡和巨大的经济损失,而且由之将引起严重的交通阻塞问题,降低大桥运力。

3)交通事故危害

据统计,全世界每年死于交通事故的人数约百万之众。因车祸受伤的人多达千万,在许多国家,交通事故引起的人员伤亡和经济损失,比火灾、水灾、意外伤害等灾难造成的人员伤亡总数和经济损失还大得多。

对于港珠澳大桥,交通事故不仅引起财产损失、人员伤亡、造成环境污染,还将导致以下危害:

易造成交通堵塞,甚至引发二次交通事故。由于桥梁、隧道交通事故发生后,其他车辆无法改向行驶造成车辆交通严重阻塞,救援车辆无法通行,增大了救援压力。

易发生次生灾害和事故。汽车相撞所造成的交通事故,常伴有火灾事故、有毒气体液体泄漏等情况发生,大多表现为车辆在相撞时将油箱损坏,致使燃油泄漏遇火源后着火。同时,车辆本身装载有易燃易爆的油品甚至化学危险物品,一旦发生交通事故,可能导致大量的有毒物体外泄,造成更大的人员伤亡,并严重污染生态环境。

4)火灾危害

火灾对大桥的主要危害为:

易造成人员伤亡和财产损失。

由于桥梁是全封闭的,一旦遇有事故发生,后续驶入的车辆就难以掉头,并且会越压越多,无法分流和疏散,从而造成桥梁堵塞,导致交通中断。事故造成道路堵塞、救援装备和人员难以接近事故现场,人员疏散极其困难,增加了消防救援工作的难度。

桥梁在遭受火灾后,建筑材料的物理化学性质在高温下将会发生很大变化,严重影响到结构承载能力。

隧道空间狭小,通风不畅,火灾产生的一氧化碳、二氧化碳等许多有毒有害气体滞留在隧道内,不但伤害人体健康,而且还易发生火灾和爆炸,造成重大损失。

5.3.3 港珠澳大桥典型事件响应分级

针对香港和内地事件分级标准的差异问题,我们对四类典型事件(低能见度、强风、交通事故及火灾)的内地和香港事件等级划分指标进行对比,并提出依法处置、标准从严的原则,完成了事件响应级别的匹配,从而为有效控制大桥高风险事件奠定基础。

1)低能见度响应分级

根据《中华人民共和国道路交通安全法》及香港运输署交通控制中心相关规定,低能见度响应分级见表5-4。

低能见度响应分级　　　　　　　　　　　　　　　　　　　　表5-4

内容 事件种类	内地事件分级		香港事件分级		双方级别匹配
	级别	程度及措施	级别	程度及措施	
低能见度	Ⅰ级	能见度小于50m,限速20km/h			香港没有对能见度小于50m时的规定,而能见度小于50m时,会对大桥安全构成严重威胁,因此,能见度小于50m时,参照内地Ⅰ级执行
	Ⅱ级	能见度小于100m,限速40km/h,与前车间距大于50m	Ⅰ级	能见度小于100m,限速50km/h	内地Ⅱ级事件与香港Ⅰ级事件匹配。40km/h与50km/h可实现平滑过渡
	Ⅲ级	能见度小于200m,限速60km/h,与前车间距大于100m	Ⅱ级	能见度小于250m,限速80km/h	内地Ⅲ级与香港Ⅱ级匹配。60km/h与80km/h可实现平滑过渡
			Ⅲ级	能见度小于350m,限速100km/h	大桥设计速度为100km/h,与香港Ⅲ级事件相一致,能见度小于350m时,可参照香港Ⅲ级执行。大桥局进入响应准备模式

内地交通安全法对低能见度各个级别时驾驶员需保持的最小车距做了量化规定,但在实际运行中不具备测量车距值的条件,难以采取直观有效的措施保证此规定的实施,因此在实际操作中取消车距具体限制,只做保持车距的规定。通过表5-4中对比分析,港珠澳大桥低能见度应急响应分级见表5-5。

低能见度应急响应级别　　　　　　　　　　　　　　　　　　　表5-5

事件种类	响应级别	指 标	措 施
低能见度	准备阶段	能见度小于350m	响应前的准备工作
	Ⅲ	能见度小于200m	限速60km/h,保持车距,中线禁行开启,隧道广播系统及可变情报板以警示驾驶者浓雾情况及要求亮着近光灯和雾灯
	Ⅱ	能见度小于100m	限速40km/h,保持车距,中线禁行开启,隧道广播系统及可变情报板以警示驾驶者浓雾情况及要求亮着近光灯和雾灯
	Ⅰ	能见度小于50m	限速20km/h,保持车距,中线禁行开启,隧道广播系统及可变情报板以警示驾驶者浓雾情况及要求亮着近光灯和雾灯。若交警决定封闭大桥,管理局积极配合

2) 强风响应分级

为合理的划分响应级别并制订响应措施,对香港Severn Crossing Bridge(塞文大桥)、Great Belt Bridge(大贝尔特桥)、香港青马大桥及香港运输署交通控制中心的响应分级标准和各级别对应措施进行分析比较后,可以得出以下结论。

(1) 香港青马大桥强风情况下的管制措施最为严格,但青马大桥分为上、下甲板,与港珠澳大桥的情况有所差异。

(2) 香港运输署交通控制中心的规定较Severn Crossing Bridge(塞文大桥)及Great Belt Bridge(大贝尔特桥)更加严格。因此,香港运输署交通控制中心的规定能够保证一般大桥在强风情况下的行车安全。

(3) 香港侧接线将采用香港运输署交通控制中心的做法,由于内地没有对强风等级划分及管制措施的规定,为方便与香港侧接线的衔接,确定强风响应分级见表5-6。

响 应 分 级　　　　　　　　　　　　　　　　　　　　　　　表5-6

事件种类	响应级别	指标(1)	措 施
强风	准备阶段	风速≥30km/h	响应前的准备工作
	Ⅲ	风速≥40km/h	限速50km/h
	Ⅱ	风速≥55km/h	限速50km/h,中线禁行
	Ⅰ	风速≥65km/h	向珠海市交警建议封桥,若交警决定封桥,管理局积极配合

由港珠澳大桥主体工程初步设计阶段专题研究报告之七《风对跨海长距离桥梁行车安全的影响及设计对策专题研究报告》中行车安全风速标准一节内容可知,交叉型乘用车在湿路

面情况下的安全风速最低,也就是说此种车型受强风的影响最大,因此需重点关注该车型在交通管制措施下能否安全行驶。

由插值法可知车速为 50km/h 时交叉型乘用车在湿路面情况下的安全风速上限为 70.2km/h,根据香港的管制措施,此时大桥已经封闭,可以保证车辆在通行时是安全的,因此,无需对车型进行限制。

3)交通事故响应分级

在划分交通事故响应级别时,主要考虑以下方面:

(1)目前内地的响应分级指标主要考虑人员伤亡和财产损失,此外,香港交通事故预案也将事故根据对人员、财产的影响进行了分类。因此,根据交通事故造成的后果,将交通事故分为两类:财产损失事故和人员伤亡事故。

(2)港珠澳大桥连接三地交通,决定了可能的交通事故对象(事故当事人)的多样性及其组合的复杂性,在"事故仅涉及内地人员"和"事故涉及港、澳人员"两种不同情况下,事故的影响程度及处理程序均可能存在差异。因此,事故对象需要作为交通事故响应分级的一个因素。

(3)公安部令《道路交通事故处理程序规定》中对需交警处置的事故进行了规定,为大桥对交通事故的处置划定了权限。因此,内地交警是否出警需作为交通事故响应分级的一个因素。

(4)事故救援力量需求是响应分级的一个重要指标,在国内的众多预案中均有所体现。

(5)就组织体系而言,三地委为组织体系的第一层级,三地联络员为组织体系的第二层级,为与应急组织体系相对应,考虑事故需由联络员级别处理或需由三地委处理,将其作为响应分级的一个指标。

综上所述,考虑因素:事故对象、内地交警是否出警、事故救援力量需求、需由联络员级别处理或需由三地委处理,将交通事故分为四级,由低到高分别为Ⅳ级、Ⅲ级、Ⅱ级和Ⅰ级,见表 5-7。

交通事故应急响应分类分级 表 5-7

事故类型	事故对象	内地交警出警	事故救援需求				由联络员处理无争议	需三地委处理	事故级别	发生概率	交通影响
			大桥救援力量	珠海救援力量	香港救援力量	澳门救援力量					
财产损失	仅内地人员	NO	NO							Ⅳ		
		YES	NO							Ⅳ		
		YES	YES(拖车等)							Ⅳ		
		YES	YES	YES(拖车等)						Ⅲ		

续上表

事故类型	事故对象	内地交警出警	事故救援需求				由联络员处理无争议	需三地委处理	事故级别	发生概率	交通影响
			大桥救援力量	珠海救援力量	香港救援力量	澳门救援力量					
财产损失	仅内地人员	YES	YES	YES	YES		YES		II		
								YES	I		
		YES	YES	YES		YES	YES		II		
								YES	I		
		YES	YES	YES	YES	YES	YES		II		
								YES	I		
	三方且涉及港、澳人员财产损失的	YES	YES				YES		II		
								YES	I		
		YES	YES	YES			YES		II		
								YES	I		
		YES	YES	YES	YES		YES		II		
								YES	I		
		YES	YES	YES		YES	YES		II		
								YES	I		
		YES	YES	YES	YES	YES	YES		II		
								YES	I		
人员伤亡	仅内地人员	YES	YES（医疗车、拖车等）						II		
		YES	YES（医疗车、拖车等）	YES（医疗车、拖车等）					II		
		YES	YES	YES	YES		YES		II		
								YES	I		
		YES	YES	YES		YES	YES		II		
								YES	I		
		YES	YES	YES	YES	YES	YES		II		
								YES	I		
	三方且涉及港、澳人员伤亡的	YES	YES				YES		II	高	
								YES	I		
		YES	YES	YES			YES		II	高	
								YES	I		
		YES	YES	YES	YES		YES		II	高	
								YES	I		
		YES	YES	YES		YES	YES		II	较高	
								YES	I		
		YES	YES	YES	YES	YES	YES		II	低	
								YES	I		

4）火灾响应分级

考虑火灾救援的时效性要求,一旦确认火灾发生,需立即派遣应急资源进行事故处理,此外,火势大小和蔓延速度的不确定性,决定需根据现场情况及时调整救援力量,因此,根据火灾事故所需应急力量不同,将火灾事故分为三级,见表5-8。

火灾应急响应分级　　　　　　　　表 5-8

事件种类	响应级别	指标	措施
火灾	Ⅲ	大桥自身力量及沿线救援站能够处理的火灾事故	通知珠海市消防局和珠海应急办,大桥负责在保证安全的前提下尽力扑灭大火,控制交通,清理现场,恢复交通
	Ⅱ	需要珠海市消防局增援/协助处理的火灾事故	通知珠海市消防局及珠海应急办,由珠海市消防局负责处理事故,大桥需积极配合
	Ⅰ	需要香港消防处增援/协助处理的火灾事故	通知香港消防处,香港消防部门协助处理事故,管理局需积极配合

5.4 港珠澳大桥联合救援组织及分工

港珠澳大桥突发事件的有效应对,依赖于一个以应急组织机构为核心的组织网络。专业化的应急组织是保证事故及时救援的前提条件,建立统一的指挥协调和决策机制,便于迅速地进行响应决策。以港珠澳大桥跨界交通管理组织体系为基础,港珠澳大桥联合救援组织体系如图5-1所示。

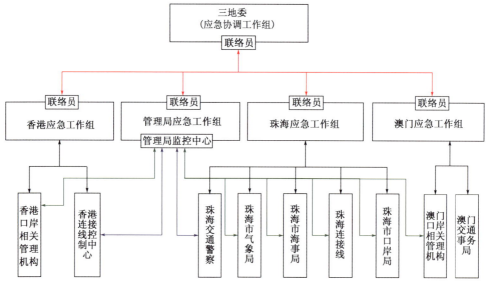

图 5-1　港珠澳大桥联合救援组织体系

针对不同等级的突发事件,对其负责岗位和相关机构进行规定,保证在港珠澳大桥三级联合救援体系下,对分散的部门资源进行重新组合和优化,实现高效的联动救援。港珠澳大桥突发事件处置以港珠澳大桥管理局为主,通过对其他部门的信息通报,使三地救援机构紧密配合,为大桥应急救援服务。

下面以低能见度事件为例,对相关机构及信息沟通方式进行归纳,见表5-9。

低能见度相关机构及信息沟通方式　　　　　　　表5-9

级别	条件	负责岗位	通报对象	措　施	通报手段
准备阶段	小于350m	西岛监控所值班人员	香港连接线 珠海口岸 澳门口岸	信息告知	专线电话/信息平台
Ⅲ级	小于200m	西岛监控所主任	香港连接线 珠海口岸 澳门口岸	信息告知	专线电话/信息平台
Ⅱ级	小于100m	西岛监控所主任	香港连接线 珠海口岸 澳门口岸 珠海连接线	信息告知	专线电话/信息平台
Ⅰ级	小于50m	大桥联络员	香港联络员 珠海联络员 澳门联络员	信息告知	专线电话/信息平台

5.5 危险源监控及突发事件预防

5.5.1 危险源监控

1)危险源监控信息来源

(1)政府部门公开发布的预警预报信息(如气象灾害预警、地质灾害预警等)。

(2)在三地气象信息互通(通过网络实时交换)基础上采集的大桥及三地气象(包括台风、暴雨、雷电、冰雹、高温、大雾)信息。

(3)政府部门告知的预警预报信息。

(4)对可能发生的重特大事件,经突发事件风险评价、风险评估得出的发展趋势报告。

(5)大桥自动监控系统发现的异常交通事件、环境、隧道观景监测及恐怖事件等信息及其评估结果。

(6)应急预案管理体系内审、外审发现的重大不符合项。

(7)定期、不定期、专项应急预案监督检查发现的重大隐患(问题)。

(8)大桥巡逻人员、驾驶员和其他人员的报警信息。

(9)出现危及大桥安全的船舶时,VTS船舶交通管理系统发出的预警警示信息。

(10)大桥监控室值班人员获得的信息。

(11)新闻媒体发布的相关信息。

(12)三地警方发布的信息。

(13)通过口岸信息共享平台,得到的口岸区交通事故、偷渡边检等信息。

(14)三地海事、边防、医疗、飞行救助、消防等相关部门共享的信息。

2)危险源监控方法

(1)通过电视、网络、广播、报纸等途径收集政府部门发布的警报信息。

(2)通过现场检查得到的检查结果。

(3)通过安全评估评价得出的发展趋势。

(4)通过电话、火灾按钮、车载报警装置等途径实现的驾驶员和其他人员报警。

(5)通过监控系统获得的信息。

3)分类监控与应对措施

针对五大类风险源提出应对措施见表5-10。

分类监控与应对措施　　　　　　　　表5-10

类别	风险源	主要监控方式	主要应对措施
设施结构类	大桥结构及其附属设施风险源	1.定期检查; 2.风险评估	加强大桥、隧道、人工岛、交通工程设施及其附属设施的定期或非定期管理检查工作,确保安全、可靠
	隧道结构及其附属设施风险源		
	人工岛结构及其附属设施风险源		
	交通工程设施风险源		
气候类风险源	大雾、高温、暴雨、雷暴、热带气旋、灰霾	三地气象部门进行气象预测及汇总	加强与气象等相关部门信息沟通,及时搜集、处理辖区气象信息,并做好预警工作
交通运营类	人为因素	1.通过监控系统; 2.巡逻人员、驾驶员和其他人员报警; 3.定期或不定期的检查	强化风险意识、应急救援意识和技能的培训教育和演练工作; 加强现场监督管理工作,对发现的隐患(问题)及时督促整改; 建立快速清障、救援机制,保障救援电话畅通
	车辆、船舶因素		
	设备因素		
	服务类因素		
	环境因素		
社会安全类	盗窃及破坏安全设施	1.通过电视、网络、广播、报纸等途径收集政府部门发布的警报信息; 2.巡逻人员、驾驶员和其他人员报警; 3.安全评估评价	通过大桥综合管理信息平台和三维信息平台的建设和维护实现对全路网的可视化综合管理。加强现场监督管理工作。强化风险意识、应急救援意识和技能的培训教育和演练工作
	抢劫、敲诈、设置障碍物		
	示威、抗议、游行		
	恐怖袭击		
	不法分子恶意破坏		

续上表

类别	风险源	主要监控方式	主要应对措施
环境卫生类	海洋污染	1. 现场检查得到的检查结果； 2. 安全评估评价； 3. 海事、医疗、环保等相关部门监测	与医疗卫生、消防、海事、海洋、渔业、中华白海豚保护机构、海上搜寻救助中心等外部救援力量及港澳相关各方建立联系，便于及时开展救援工作
	白海豚伤害		
	大桥工作人员、专业施工人员、驾驶员健康威胁		

5.5.2 突发事件预防

突发事件的预防是指对突发事件隐患及其发展趋势进行监测、诊断与预控的一种管理活动。其目的在于防止和消除突发事件的发生。

从某种程度上说，突发事件的预防比对突发事件的处理更重要。"凡事预则立，不预则废"。预防是应对突发事件的第一步。不仅需要研究突发事件发生后的应对措施，更重要的是要具有应对突发事件的超前意识，加强突发事件的预防工作，把突发事件的隐患解决在萌芽状态。可以说，能否有效地采取预防措施，对于减少甚至消除事件损失起着极其关键的作用。

对突发事件的预防主要通过以下方面：

1）树立忧患意识

在气象事件多发季节，通过气象预报、加强巡逻等方式密切关注气象信息；通过对预案的组织学习，大桥人员需明确大桥可能的危险源，并对其进行重点关注，避免因忽略小隐患而造成的严重后果。人为原因引起的突发事件，多数是因为人们没有忧患意识，看不到突发事件存在的隐患和发展的"准备期"，或者虽然看到了，却没有引起重视并及时解决，致使突发事件由"准备期"发展到"爆发期"。因此，保持忧患意识和采取积极的防范措施，是避免突发事件的关键所在。

2）重视监测与预警

监测与预警是对突发事件发生前的迹象或征兆进行监视、预测，并由此做出警示的活动。几乎所有的突发事件发生之前都会有一定的迹象或征兆。进行日常监测和及时预警可以使人们及时发现突发事件产生的迹象或征兆及其发展趋势，及时捕捉带有倾向性、潜在性的问题，可以在突发事件来临时为人们赢得一定的时机，及时制订、采取应对措施，减少突发事件带来的危害。因此，监测和预警工作的落实与否直接关系到突发事件应急处理的成败。因此，要根据不同的突发事件制订相应的监测计划，并对检测到的数据用科学的方法进行分析，综合考虑各种因素，对突发事件迹象的实际存在状态、种类、性质、产生的原因、发展趋势及可能的危害程度等予以明确的认定。将监测中发现的潜在隐患及可能发生的突发事件按规定及时报告，保证有关方面及时得到相关信息。

3)重视对驾驶员的宣传

香港很重视对驾驶员的宣传,制作了恶劣天气情况下驾驶员安全教育手册,并通过工作人员发放、互联网发布、宣传图片等形式发布给驾驶员。借鉴香港做法,大桥需通过口岸、收费站人员发放手册,互联网、交通广播宣传等形式进行驾驶员的安全教育,使驾驶员了解各种突发事件的特征和维护,掌握预防突发事件的知识,提高自我防范意识,掌握一定的自救与互救方法和措施,增强应对能力,积极主动的配合政府及其有关部门开展突发事件的应急处理工作。

4)制定突发事件应急预案,并据此编制应急演练手册

对大桥应急救援人员,定期开展相关知识、技能和策略的培训。定期组织大桥救援人员进行突发事件应急演练;根据珠海市相关部门的要求参加珠海市联合救援演练;并定期进行三地部门的联动救援演练,在演练中不断掌握新知识和新进技术。

5)建立应急储备

为保证应急资源满足突发事件需要,有关部门能够及时有效的调用应急资源,储备好各种人、财、物及信息条件,为突发事件的预防和处理提供必要的保证,是突发事件预防阶段一项重要的基础性工作。应急储备保障不充分,突发事件的预防和处理就会受到影响。因此,需要保证人、财、物和信息资源的储备。

港珠澳大桥应采取以下措施来预防突发事件:

(1)与医疗卫生、消防、海事、海洋、渔业、中华白海豚保护机构、海上搜寻救助中心等外部救援力量及港澳相关各方建立联系,便于及时开展救援工作。

(2)建立快速清障、救援机制,保障救援电话畅通。接到清障、救援信息后,应当立即通知有关部门和人员赶赴现场处理,并及时清障。

(3)通过大桥综合管理信息平台和三维信息平台的建设和维护,实现对全路网的可视化综合管理。

(4)设置应急救援组织机构,配备足够的应急救援人员和应急设备、设施、物资和其他资源。

(5)加强与气象等相关部门信息沟通,及时搜集、处理辖区气象信息,密切监听所辖区域内天气变化及大桥通阻情况,在发生紧急事件时随时,通过手机预警信息、电视滚动播报、报纸公告、电子屏信息发布、召开新闻发布会等渠道向公众发布报告,实现信息在相关部门共享,以便迅速调动相关人员、设备和相关材料及时处理。

(6)建立完善的应急管理体系、技术操作规程和应急救援制度,定期组织评审与审核,确保有效、具体、可行。

(7)建立重大危险源档案管理制度,设立重大危险源警告标志,定期组织监督检查和评审。

（8）强化风险意识、应急救援意识和技能的培训教育和演练工作。

（9）加强船机设备、特种设备、救援设备（设施）、应急装备（器材）的日常管理工作，确保安全、可靠。

（10）加强现场监督管理工作，对发现的隐患（问题）及时督促整改。对一时不能整改的隐患，实行立项跟踪整改制度。

（11）通过张贴图片、悬挂标语、播放电视及广播、手机短信、发放宣传册等方式，向驾驶员告知大桥应急救援电话号码、沿线消防设施、安全装置的设置位置及其使用方法。

（12）向驾驶员宣传紧急事件发生时的响应措施、疏散方式、隧道逃生方法、自救互救原则和方法。

（13）向驾驶员告知预警信息发布方式，及时接收预警信息并对其做出正确响应的方法要点。

5.6 港珠澳大桥联合救援流程

应急响应流程是应急救援的操作程序，应急响应流程可分为事故的发现或事故信息采集，响应级别判断，事故信息的发布，应急响应启动，应急响应，事态控制，应急恢复和应急结束。港珠澳大桥突发事件应急响应总体流程如图 5-2 所示。

本章以低能见度和交通事故为例，具体阐述港珠澳大桥突发事件联合救援流程。

5.6.1 突发事件信息来源与确认

1）能见度信息来源与确认

（1）能见度信息来源

①布设在大桥的六台能见度检测器（布设位置为：东人工岛、西人工岛、大桥三座主航道桥通航孔跨中路侧位置、珠澳口岸人工岛）检测到的能见度信息（低能见度响应以此数据为主）。

②与珠海气象部门进行信息交互，由气象部门提供的气象预报信息及确认反馈信息。

③大桥沿线摄像机监测到的低能见度气象信息。

④大桥巡逻人员、监控室值班人员发现的能见度下降信息。

⑤大桥应急工作组联络员得到的能见度下降信息。

⑥驾乘人员发现的能见度下降信息。

（2）能见度信息确认

①能见度信息确认方式

a.珠海气象局提供或发布的气象信息，需采用电话（录音）、书面、传真或电子签章的文件

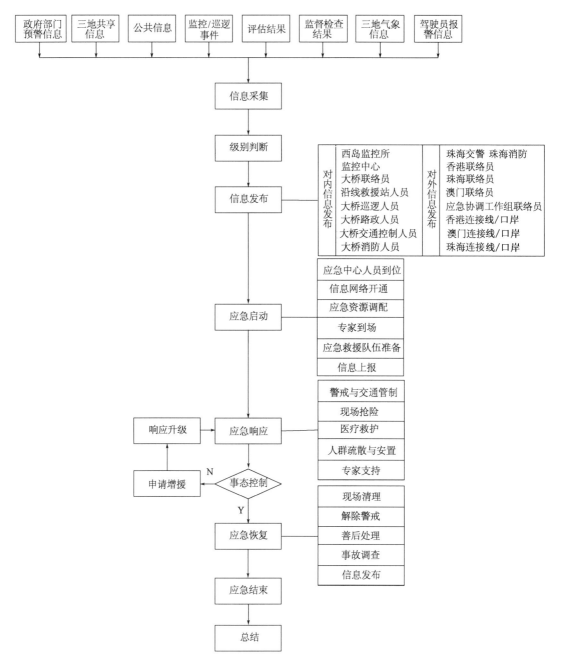

图 5-2 港珠澳大桥突发事件应急响应总体流程

形式发送给大桥管理局。监控所以气象局信息为参考,密切关注珠澳口岸及大桥气象检测设备的能见度测量值。

b. 大桥六台能见度检测设备(布设位置为:东人工岛、西人工岛、大桥三座主航道桥通航孔跨中路侧位置、珠澳口岸人工岛)检测到的能见度值,结合视频信息和路面人员的报告,作为预案的启动条件。

c. 判定能见度值已达到预案启动指标,需立即启动相应级别预案的方法为:在 10min 内,能见度值有两次小于或等于指定能见度值,则确定已达到指标。

d. 管理局应急工作组联络员被告知低能见度信息时,需采用电子传真书面表格形式确认低能见度信息。紧急情况及事件处理过程中可通过录音电话确认。

e. 驾乘人员报警信息,由值班室人员做好信息记录,并由大桥沿线监视系统予以确认。

②能见度信息确认流程

能见度信息确认流程如图 5-3 所示。

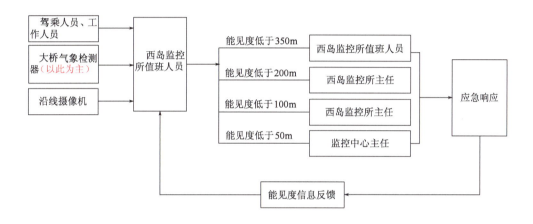

图 5-3　能见度信息确认流程

2) 交通事故信息来源与确认

(1) 交通事故信息来源

①事故当事人及其他驾乘人员的报警信息;

②珠海市交警告知的事故信息;

③大桥巡逻人员发现的事故信息;

④监控中心人员通过视频监控设备发现的事故信息;

⑤大桥应急工作组联络员得到的事故信息。

(2) 交通事故信息确认

①监控中心人员接到事故报警,需记录报警时间,报警人姓名,联系方式,报警电话,交通事故发生时间、地点、人员伤亡情况,车辆类型、车辆牌号,是否载有危险物品、危险物品的种类等,并立即根据已知情况启动相应级别预案。

②珠海市交警告知的事故信息,需记录告知时间,事故发生时间、地点、人员伤亡情况,立即根据珠海市交警要求,积极配合启动相应级别预案。

③大桥巡逻人员发现的事故信息,需告知监控中心值班人员,记录事故发生时间、地点、人员伤亡情况,并立即根据已知情况启动相应级别预案。

④监控中心人员发现的事故信息,需告知离事故现场最近的巡逻人员前往确认,巡逻人员确认属实后,告知监控中心值班人员,记录事故发生时间、地点、人员伤亡情况,并立即根据已知情况启动相应级别预案。

⑤大桥应急工作组联络员得到的事故信息,需记录告知者岗位、姓名、告知时间,事故发生时间、地点、人员伤亡情况,并立即根据已知情况启动相应级别预案。

5.6.2 突发事件分级响应

1）低能见度应急响应

(1) 响应前的准备工作

在10min内,能见度值有两次小于或等于350m,各有关部门应立即执行以下准备工作。

①西岛监控所操作

a. 监控人员检查大桥、隧道、人工岛的灯光、监控设施的正常使用。

b. 监控人员开启大桥路灯、航标灯及防雾设施。

c. 监控人员加大对隧道出入口、船舶主航道桥面,九洲航道桥至收费站等重点路段的监视频度,并与现场人员保持信息实时沟通。

d. 监控人员通过可变情报板发布低能见度预警信息,提示驾驶员控制车速,保持一定车距。

②地面人员的操作

组织大桥沿线救援站人员做好准备工作,保证车辆、通信、勘查、施救等装备器材处于完好状态,接警后可迅速出动。

③资讯发放、回收及反馈(由西岛监控所人员执行)

a. 向大桥三个救援站及收费站发布能见度影响范围、等级、持续时间等信息。信息发布手段:信息平台、内部电话(录音)、无线对讲电话。

b. 密切关注事态情况并将信息及时告知西岛监控所值班主任。

c. 将大桥能见度低,可能实行限速措施的信息告知香港连接线。关注香港连接线的实时交通控制需求反馈,双方及时交互信息。

d. 将大桥能见度降低,可能实行限速措施的信息告知珠海口岸。珠海口岸需做好在口岸区配合实施信息发布的准备工作。

e. 将大桥能见度降低,可能实行限速措施的信息告知澳门口岸。澳门口岸需做好在口岸区配合实施信息发布的准备工作。

f. 香港连接线需配合采取措施,通过可变情报板发布前方道路天气状况及交通控制措施,提醒驾驶员打开近光灯和雾灯,按规定驾驶,注意行车安全。

④对驾驶员的信息传达

a. 西岛监控所人员通过可变情报板发布限速信息,提示驾驶员打开雾灯和近光灯,控制车速,保持车距。

b. 收费站人员告知驾驶员天气状况及交通控制措施,提醒驾驶员打开近光灯和雾灯,按规定驾驶,注意行车安全。

c. 建议口岸配合采取措施,告知驾驶员天气状况及大桥上的交通控制措施,提醒驾驶员打开近光灯和雾灯,按规定驾驶,注意行车安全。

d. 香港连接线需配合采取措施,通过可变情报板发布前方道路天气状况及交通控制措施,提醒驾驶员打开近光灯和雾灯,按规定驾驶,注意行车安全。

（2）低能见度应急响应总体要求

①Ⅲ级响应(能见度在200m和100m之间)

车辆开启雾灯和近光灯,限速60km/h,保持车距,中线禁行。

②Ⅱ级响应(能见度在100m和50m之间)

车辆开启雾灯和近光灯,限速40km/h,保持车距,中线禁行。

③Ⅰ级响应(能见度在50m以下)

车辆开启雾灯和近光灯,限速20km/h,保持车距,中线禁行。同时,告知珠海市交警当前能见度值(级别)、影响范围、预计持续时间,若珠海市交警决定封桥,则管理局积极配合。

如低能见度Ⅰ级情况持续时间较长,为保证大桥交通运营安全,管理局可以向珠海市交警提出封桥建议,交警需协助管理局的封桥措施。

（3）低能见度应急响应措施

①Ⅲ级响应

在10min内,能见度值有两次小于或等于200m,启动Ⅲ级响应。此时实施以下的低能见度响应措施。

a. 西岛监控所操作

(a) 西岛监控所主任负责Ⅲ级响应的确认。

(b) 监控人员加大对大桥监视频度,并与现场人员保持信息实时沟通。

(c) 西岛监控所安排大桥巡逻车在中线车道压尾驶过大桥后,将沿途驶过的中线车道使用信号灯变为红交叉。

(d) 监控人员通过可变情报板发布低能见度信息,提示驾驶员控制车速,中线禁行。大桥可变限速标志显示限速60km/h。可变情报板显示:能见度低,小心驾驶,开启近光灯和雾灯,限速60km/h,保持车距,中线禁行。

b. 地面人员的操作

（a）大桥沿线救援站人员处于待命状态，一旦发生事故，须快速开展救援。

（b）巡逻人员注意对现场交通情况，交通控制操作的执行情况和有效性进行监察，并及时与西岛监控所人员互动。

c. 资讯发放、回收及反馈（由西岛监控所人员执行）

（a）向大桥三个救援站和收费站发布能见度影响范围、等级、持续时间等信息。信息发布手段：信息平台、内部电话（录音）、无线对讲电话。

（b）将大桥低能见度响应等级和交通控制措施告知香港连接线，关注香港连接线的实时交通控制需求反馈，双方及时交互信息。

（c）将大桥低能见度响应等级、影响范围和交通控制措施告知珠海口岸、澳门口岸。

（d）建议珠海口岸、澳门口岸利用各自可变情报板等设施发布大桥能见度低状况以及交通控制措施，提醒驾驶员注意，并适当加快车辆驶离大桥（方向）的速度，适当控制车辆驶向大桥（方向）的速度。

d. 对驾驶员的信息传达

（a）西岛监控所人员通过可变情报板发布限速信息，提示驾驶员打开雾灯和近光灯，控制车速，保持车距，中线禁行。

（b）收费站人员告知驾驶员天气状况及交通控制措施，提醒驾驶员打开近光灯和雾灯，按规定驾驶，注意行车安全。

（c）建议口岸配合采取措施，告知驾驶员天气状况及交通控制措施，提醒驾驶员打开近光灯和雾灯，按规定驾驶，注意行车安全。

（d）香港连接线需利用车道控制标志、可变情报板和限速标志，配合实施车道控制措施和限速措施，并发布前方道路低能见度信息。香港连接线需保持与西岛监控所的信息沟通。

（e）通过珠海相关电台广播，通过收音机频道，向驾驶员发放低能见度相关信息。

（f）通过互联网发布低能见度相关信息。

② Ⅱ级响应

在 10min 内，能见度值有两次小于或等于 100m，启动 Ⅱ级响应。此时实施以下的低能见度响应措施。

a. 西岛监控所操作

（a）西岛监控所主任负责 Ⅱ级响应的确认。

（b）监控人员加大对大桥监视频度，并与现场其他人员保持信息实时沟通。

（c）西岛监控所向珠海气象局咨询天气状况和能见度降低的可能性。

（d）西岛监控所继续保持中线车道使用信号灯为红交叉。

(e)监控人员通过可变情报板发布低能见度事件信息,提示驾驶员控制车速,中线禁行。大桥可变限速标志显示限速40km/h。可变情报板显示:能见度低,小心驾驶,开启近光灯和雾灯,限速40km/h,保持车距,中线禁行。同时路侧广播重复播报。

b. 地面人员的操作

(a)大桥沿线救援站人员处于待命状态,一旦发生事故,须快速开展救援。

(b)巡逻人员注意对现场交通情况,交通控制操作的执行情况和有效性进行监察,并及时与西岛监控所人员互动。

c. 资讯发放、回收及反馈(由西岛监控所人员执行)

(a)向大桥三个救援站和收费站发布能见度影响范围、等级、持续时间等信息。信息发布手段:信息平台、内部电话(录音)、无线对讲电话。

(b)将大桥低能见度响应等级和交通控制措施告知香港连接线,关注香港连接线的实时交通控制需求反馈,双方及时交互信息。

(c)将大桥低能见度响应等级、影响范围和交通控制措施告知珠海口岸、澳门口岸。

(d)建议珠海口岸、澳门口岸、珠海连接线利用各自可变情报板等设施发布大桥能见度低以及交通控制措施,并适当加快车辆驶离大桥(方向)的速度,适当降低车辆驶向大桥(方向)的速度。

d. 对驾驶员的信息传达

(a)西岛监控所人员通过可变情报板发布限速信息,提示驾驶员打开雾灯和近光灯,控制车速,保持车距,中线禁行。

(b)收费站人员告知驾驶员天气状况及交通控制措施,提醒驾驶员打开近光灯和雾灯,按规定驾驶,注意行车安全。

(c)建议口岸配合采取措施,告知驾驶员天气状况及交通控制措施,提醒驾驶员打开近光灯和雾灯,按规定驾驶,注意行车安全。

(d)香港连接线需利用车道控制标志、可变情报板和限速标志,配合管理局实施车道控制措施和限速措施,并发布前方道路低能见度信息。香港连接线需保持与西岛监控所的信息沟通。

(e)通过珠海相关电台广播,通过收音机频道,向驾驶员发放低能见度相关信息。

(f)通过互联网发布低能见度相关信息。

③Ⅰ级响应

在10min内,能见度值有两次不大于50m,启动Ⅰ级响应。此时实施以下的低能见度响应措施。

a. 监控中心操作

(a)监控中心主任负责Ⅰ级响应的确认。

(b)监控人员加大对大桥监视频度,并与现场其他人员保持信息实时沟通。

(c)监控人员继续保持中线车道使用信号灯为红交叉。通过可变情报板、发布低能见度信息,提示驾驶员控制车速,中线禁行。大桥可变限速标志显示限速20km/h。可变情报板显示:能见度低,小心驾驶,开启近光灯和雾灯,限速20km/h,中线禁行。同时路侧广播重复播报。

b. 地面人员的操作

(a)大桥沿线救援站人员处于待命状态,一旦发生事故,须快速开展救援。

(b)巡逻人员注意对现场交通情况,交通控制操作的执行情况和有效性进行监察,并及时与监控中心人员互动。

c. 资讯发放、回收及反馈(由监控中心人员执行)

(a)向大桥三个救援站和收费站发布能见度影响范围、等级、持续时间等信息。信息发布手段:信息平台、内部电话(录音)、无线对讲电话。

(b)监控中心主任向珠海气象局咨询天气状况和能见度降低的可能性。

(c)将能见度值(等级)和可能持续时间告知珠海海事局。

(d)将大桥低能见度响应等级、影响范围和交通控制措施告知香港连接线,关注香港连接线的实时交通控制需求反馈,双方及时交互信息。

(e)将大桥低能见度响应等级和交通控制措施告知珠海口岸、澳门口岸、香港口岸、珠海侧接线。

(f)建议珠海口岸、澳门口岸、香港口岸、珠海侧接线利用各自可变情报板等设施发布大桥能见度低以及交通控制措施,并加快车辆驶离大桥(方向)的速度,降低车辆驶向大桥(方向)的速度。

(g)监控中心主任向珠海市交警告知能见度严重程度及预计持续时间,视条件提出封桥需求。若决定封桥,则需执行"决定封桥后"的相关操作。

d. 对驾驶员的信息传达

(a)监控中心人员通过可变情报板、路侧广播和隧道广播发布限速信息,提示驾驶员打开雾灯和近光灯,控制车速,中线禁行。

(b)收费站人员告知驾驶员天气状况及交通控制措施,提醒驾驶员打开近光灯和雾灯,按规定驾驶,注意行车安全。

(c)建议口岸配合采取措施,告知驾驶员天气状况及交通控制措施,提醒驾驶员打开近光灯和雾灯,按规定驾驶,注意行车安全。

(d)香港连接线需利用车道控制标志、可变情报板和限速标志,配合管理局实施车道控制措施和限速措施,并发布前方道路低能见度信息。香港连接线需保持与西岛监控所的信息沟通。

(e)通过珠海相关电台广播,通过收音机频道,向驾驶员发放低能见度相关信息。

(f)通过互联网发布低能见度相关信息。

④决定封桥后

a. 监控中心操作

(a)监控人员通过地面人员的通报和视频监视,确保所有车辆驶离大桥后,将车道使用信号灯全部变为红交叉,在情报板上发布封桥信息。

(b)通过管理局联络员与三地联络员协商、确定封桥的准备工作进展情况,以及明确封桥的具体时刻;将确定后的封桥时间通知交警、地面人员、珠海口岸、澳门口岸、香港口岸、香港接线、澳门接线、珠海接线。

b. 地面人员的操作

(a)封桥前,西岛监控所安排大桥清障车压尾驶过大桥,以确认所有车辆驶离大桥;对未能驶离大桥的车辆(如有)予以照顾。

(b)根据监控中心提供的封桥时间积极配合交警行动,完成封桥。

(c)配合珠海、澳门口岸,以及交警完成收费站前车辆的疏散工作。

(d)地面人员赶赴东西人工岛现场指挥,确保车辆疏散过程中西岛-隧道-东岛-粤港分界线的行车安全;在此过程中,需要交警协助完成现场指挥和车辆疏散的组织工作;需要香港连接线派出地面人员到粤港分界线附近配合完成现场指挥及车辆疏散工作。

c. 资讯发放、回收及反馈(由联络员执行)

(a)管理局联络员将大桥因低能见度封闭的信息告知香港、珠海及澳门联络员,并与三地联络员及时沟通车辆疏散情况及封桥的准备工作进展情况,协商确定封桥的具体时间。

(b)珠海联络员同时将大桥因低能见度封闭的信息告知珠海口岸、珠海接线;口岸需反馈大桥关闭准备情况及车辆疏散情况,以供商讨封桥时间。

(c)建议珠海口岸利用可变情报板等设施发布大桥封桥措施,逐步采取封桥配合措施,加快疏导现有入关车辆驶离大桥(方向)的速度,禁止止车辆驶向大桥。

(d)建议珠海接线利用信息发布设施发布港珠澳大桥封桥信息,逐步采取封桥配合措施,加快疏导现有车辆驶离大桥(方向)的速度,控制或禁止车辆驶向大桥。

(e)香港联络员同时将大桥因低能见度封闭的信息告知香港口岸、香港接线。并反馈大桥关闭的准备情况及车辆疏散情况,以供商讨封桥时间。

(f)香港接线需利用信息发布设施发布港珠澳大桥封桥信息,逐步采取封桥配合措施,加快疏导现有车辆驶离大桥(方向)的速度,控制或禁止车辆驶向大桥。

(g)建议香港口岸利用可变情报板等设施发布大桥封桥措施,逐步采取封桥配合措施,加快疏导现有入关车辆驶离大桥(方向)的速度,控制或禁止车辆驶向大桥。

(h)澳门联络员同时将大桥因低能见度封闭的信息告知澳门口岸、澳门接线。并反馈大桥关闭的准备情况及车辆疏散情况,以供商讨封桥时间。

(i)建议澳门口岸利用可变情报板等设施发布大桥封桥措施,逐步采取封桥配合措施,加快疏导现有入关车辆驶离大桥(方向)的速度,控制或禁止车辆驶向大桥。

(j)建议澳门接线利用信息发布设施发布港珠澳大桥封桥信息,逐步采取封桥配合措施,加快疏导现有车辆驶离大桥(方向)的速度,控制或禁止车辆驶向大桥。

d. 对驾驶员的信息传达

(a)通过珠海相关电台广播,通过收音机频道,向驾驶员发放封桥信息。

(b)通过互联网发放封桥信息。

(4)降低响应级别及终止响应

布设在大桥的六台能见度检测器(布设位置为:东人工岛、西人工岛、大桥三座主航道桥通航孔跨中路侧位置、珠澳口岸人工岛)检测到的能见度值作为降低响应级别或终止响应的条件。判定能见度值已达到条件,需立即降低响应级别或终止响应的方法为:在10min内,能见度有两次大于指定能见度值,则确定能见度满足标准。

①Ⅰ级响应的终止(若此时大桥处于关闭状态)

在10min内,能见度有两次大于75m,若大桥此时处于关闭状态,大桥监控中心主任就低能见度发展趋势咨询珠海市气象局,在确认可以解除Ⅰ级响应后,咨询珠海市交警是否重开大桥。若珠海市交警确定重开大桥,则执行以下措施。

a. 西岛监控所操作

(a)大桥重开前,由西岛监控所安排大桥巡逻车及清障车检查路面及车道控制信号灯、可变情报板等设施是否正常运作。

(b)监控人员保持中线车道使用信号灯为红交叉,将其他车道使用信号灯变为绿箭头。

(c)监控人员通过可变情报板发布低能见度事件信息,提示驾驶员控制车速,中线禁行。大桥可变限速标志显示限速40km/h。可变情报板显示:能见度低,小心驾驶,开启近光灯和雾灯,限速40km/h,保持车距,中线禁行。

(d)监控人员加大对大桥监视频度,并与现场其他人员保持信息实时沟通。

(e)监控人员继续严密监视能见度天气状况,并保持与珠海市气象局的咨询,然后根据当前能见度值进行判断决定低能见度响应级别。

b. 地面人员的操作

(a)大桥沿线救援站人员处于待命状态,一旦发生事故,须快速开展救援。

(b)巡逻人员注意对现场交通情况,交通控制操作的执行情况和有效性进行监察,并及时与西岛监控所人员互动。

c. 资讯发放、回收及反馈(考虑Ⅰ级响应阶段此操作由监控中心人员执行,此处操作仍由监控中心人员执行)

(a)监控中心主任向珠海气象局咨询天气状况和能见度降低的可能性。

(b)监控中心人员向大桥三个救援站和收费站发布新的能见度影响范围、等级、持续时间等信息。信息发布手段包括信息平台、内部电话(录音)、无线对讲电话等。

(c)监控中心人员将大桥重开、目前低能见度响应等级和交通控制措施告知香港连接线,关注香港连接线的实时交通控制需求反馈,双方及时交互信息。

d. 管理局联络员操作

将大桥重开、当前低能见度等级和交通控制措施告知香港、珠海及澳门联络员。

e. 三地联络员操作

(a)珠海联络员将大桥重开、当前低能见度响应等级和交通控制措施告知珠海口岸、珠海连接线。建议珠海口岸、珠海连接线通过各自信息发布设施告知驾驶者与公众,并采取逐步增加放行驶向大桥(方向)车辆数量的措施。

(b)香港联络员将大桥重开、目前低能见度响应等级和交通控制措施告知香港口岸、香港连接线。建议香港口岸、香港连接线通过各自信息发布设施告知驾驶者与公众,并采取逐步增加放行驶向大桥(方向)车辆数量的措施。建议香港连接线启动相应级别的低能见度交通控制预案。

(c)澳门联络员将大桥重开、目前低能见度响应等级和交通控制措施告知澳门口岸、澳门交通事务局。建议澳门口岸、澳门交通事务局通过各自信息发布设施告知驾驶者与公众,并采取逐步增加放行驶向大桥(方向)车辆数量的措施。

f. 对驾驶员的信息传达

(a)西岛监控所通过可变情报板发布限速信息,提示驾驶员打开雾灯和近光灯,控制车速,中线禁行。

(b)收费站人员告知驾驶员天气状况及交通控制措施,提醒驾驶员打开近光灯和雾灯,按规定驾驶,注意行车安全。

(c)建议口岸配合采取措施,告知驾驶员天气状况及交通控制措施,提醒驾驶员打开近光灯和雾灯,按规定驾驶,注意行车安全。

(d)通过珠海相关电台广播,通过收音机频道,向驾驶员发放低能见度相关信息。

(e)通过互联网发布低能见度相关信息。

② Ⅰ级响应的终止(若此时大桥处于限速20km/h状态)

在10min内,能见度有两次大于75m,若大桥此时处于限速20km/h的状态,则大桥执行以下措施。

a. 监控中心操作

监控中心主任确认解除Ⅰ级响应。

b. 西岛监控所操作

（a）监控人员继续保持中线车道使用信号灯为红交叉。通过可变情报板、发布低能见度信息，提示驾驶员控制车速，中线禁行。大桥可变限速标志显示限速40km/h。可变情报板显示：能见度低，小心驾驶，开启近光灯和雾灯，限速40km/h，保持车距，中线禁行。

（b）监控人员加大对大桥监视频度，并与现场其他人员保持信息实时沟通。

（c）监控人员继续严密监视能见度天气状况，并保持与珠海市气象局的咨询，然后根据当前能见度值进行判断决定低能见度响应级别。

c. 地面人员的操作

（a）大桥沿线救援站人员处于待命状态，一旦发生事故，须快速开展救援。

（b）巡逻人员注意对现场交通情况，交通控制操作的执行情况和有效性进行监察，并及时与西岛监控所人员互动。

d. 资讯发放、回收及反馈（考虑Ⅰ级响应阶段此操作由监控中心人员执行，此处操作由仍监控中心人员执行）

（a）监控中心人员向珠海气象局咨询天气状况和能见度降低的可能性。

（b）监控中心人员向大桥三个救援站和收费站发布新的能见度影响范围、等级、持续时间等信息。信息发布手段包括信息平台、内部电话（录音）、无线对讲电话等。

（c）将大桥低能见度响应等级和交通控制措施告知香港连接线；关注香港连接线的实时交通控制需求反馈，双方及时交互信息。

（d）将大桥低能见度响应等级和交通控制措施告知珠海口岸、澳门口岸、香港口岸。

e. 对驾驶员的信息传达

（a）西岛监控所通过可变情报板发布限速信息，提示驾驶员打开雾灯和近光灯，控制车速，中线禁行。

（b）收费站人员告知驾驶员天气状况及交通控制措施，提醒驾驶员打开近光灯和雾灯，按规定驾驶，注意行车安全。

（c）建议口岸配合采取措施，告知驾驶员天气状况及交通控制措施，提醒驾驶员打开近光灯和雾灯，按规定驾驶，注意行车安全。

（d）香港连接线需利用车道控制标志、可变情报板和限速标志，配合管理局实施车道控制措施和限速措施，并发布前方道路低能见度信息。香港连接线需保持与西岛监控所的信息沟通。

（e）通过珠海相关电台广播，通过收音机频道，向驾驶员发放低能见度相关信息。

（f）通过互联网发布低能见度相关信息。

③Ⅱ级响应的终止

在10min内，能见度有两次大于150m时，大桥应执行以下措施。

a. 西岛监控所操作

(a)西岛监控所主任确认解除Ⅱ级响应。

(b)监控人员继续保持中线车道使用信号灯为红交叉。通过可变情报板发布低能见度信息,提示驾驶员控制车速,中线禁行。大桥可变限速标志显示限速60km/h。可变情报板显示:能见度低,小心驾驶,开启近光灯和雾灯,限速60km/h,保持车距,中线禁行。同时广播系统重复播报。

(c)监控人员加大对大桥监视频度,并与现场其他人员保持信息实时沟通。

(d)监控人员继续严密监视天气状况,并保持与珠海市气象局的咨询,然后根据当前能见度值进行判断决定低能见度响应级别。

b.地面人员的操作

(a)大桥沿线救援站人员处于待命状态,一旦发生事故,须快速开展救援。

(b)巡逻人员注意对现场交通情况,交通控制操作的执行情况和有效性进行监察,并及时与西岛监控所人员互动。

c.资讯发放、回收及反馈(由西岛监控所人员执行)

(a)向大桥三个救援站和收费站发布能见度影响范围、等级、持续时间等信息。信息发布手段包括信息平台、内部电话(录音)、无线对讲电话等。

(b)将大桥低能见度响应等级和交通控制措施告知香港连接线,关注香港连接线的实时交通控制需求反馈,双方及时交互信息。

(c)将大桥低能见度响应等级和交通控制措施告知珠海口岸、澳门口岸。

d.对驾驶员的信息传达

(a)西岛监控所通过可变情报板发布限速信息,提示驾驶员打开雾灯和近光灯,控制车速,中线禁行。

(b)收费站人员告知驾驶员天气状况及交通控制措施,提醒驾驶员打开近光灯和雾灯,按规定驾驶,注意行车安全。

(c)建议口岸配合采取措施,告知驾驶员天气状况及交通控制措施,提醒驾驶员打开近光灯和雾灯,按规定驾驶,注意行车安全。

(d)香港连接线需利用车道控制标志、可变情报板和限速标志,配合管理局实施车道控制措施和限速措施,并发布前方道路低能见度信息。香港连接线需保持与西岛监控所的信息沟通。

(e)通过珠海相关电台广播,通过收音机频道,向驾驶员发放低能见度相关信息。

(f)通过互联网发布低能见度相关信息。

④Ⅲ级响应的终止

在10min内,能见度有两次大于310m时,大桥取消速度限制被认为安全,此时大桥执行以下措施。

a. 西岛监控所操作

(a)西岛监控所主任确认解除Ⅲ级响应。

(b)监控人员将中线车道使用信号灯变为绿箭头。

(c)监控人员通过可变情报板发布低能见度警告信息,提示驾驶员控制车速,保持一定车距。

(d)监控人员加大对大桥监视频度,并与现场其他人员保持信息实时沟通。

(e)监控人员继续严密监视低能见度天气状况,以确定是否重新采取限速措施。

b. 资讯发放、回收及反馈(由西岛监控所人员执行)

(a)向大桥三个救援站及收费站发布能见度影响范围、等级、持续时间等信息。信息发布手段包括信息平台、内部电话(录音)、无线对讲电话等。

(b)将大桥取消限速措施及能见度等级信息告知香港连接线。关注香港连接线的实时交通控制需求反馈,双方及时交互信息。

(c)将大桥取消限速措施及能见度等级信息告知珠海口岸。

(d)将大桥取消限速措施及能见度等级信息告知澳门口岸。

c. 对驾驶员的信息传达

(a)西岛监控所通过可变情报板发布低能见度警告信息,提示驾驶员打开雾灯和近光灯,控制车速。

(b)收费站人员告知驾驶员天气状况及交通控制措施,提醒驾驶员打开近光灯和雾灯,按规定驾驶,注意行车安全。

(c)建议口岸配合采取措施,告知驾驶员天气状况及交通控制措施,提醒驾驶员打开近光灯和雾灯,按规定驾驶,注意行车安全。

(d)香港连接线需利用车道控制标志、可变情报板和限速标志,配合管理局实施车道控制措施和限速措施,并发布前方道路低能见度信息。香港连接线需保持与西岛监控所的信息沟通。

(e)通过珠海相关电台广播,通过收音机频道,向驾驶员发放低能见度相关信息。

(f)通过互联网发布低能见度相关信息。

⑤低能见度响应的终止

在10min内,能见度有两次大于400m时,大桥实施以下低能见度响应终止措施。

a. 西岛监控所操作

(a)西岛监控所值班人员确认终止响应。

(b)在所有可变情报板上显示大桥正常运营。

b. 资讯发放、回收及反馈(由西岛监控所人员执行)

(a)向大桥三个救援站及收费站发布低能见度响应终止信息。信息发布手段包括信息平台、内部电话(录音)、无线对讲电话等。

(b)将低能见度响应终止信息告知香港连接线、珠海口岸、澳门口岸。

c. 对驾驶员的信息传达

(a)通过珠海相关电台广播,通过收音机频道,向驾驶员发放低能见度相关信息。

(b)通过互联网发布低能见度相关信息。

(5)低能见度响应流程

低能见度响应流程如图5-4所示。

(6)低能见度响应解除流程

低能见度响应解除流程如图5-5所示。

(7)对香港连接线低能见度响应的配合

①香港连接线处于能见度为350~250m的响应阶段(第一阶段)

若香港连接线启动能见度为350~250m时的低能见度响应,香港连接线需将响应级别、影响范围、预计持续时间、将采取的措施通过信息平台或其他通信技术手段告知管理局。此时,管理局执行以下工作,完成对香港连接线的配合。

a. 西岛监控所操作

监控人员通过可变情报板发布低能见度信息,提示驾驶员控制车速,保持一定车距。

b. 资讯发放、回收及反馈(由西岛监控所人员执行)

(a)向大桥三个救援站和收费站发布低能见度信息,包括影响范围、等级、持续时间等信息。信息发布手段:信息平台、内部电话(录音)、无线对讲电话。

(b)监控人员向香港连接线告知大桥交通控制落实情况及大桥交通状况。

(c)将香港连接线能见度降低,可能实行限速措施的信息告知珠海口岸和澳门口岸。

c. 对驾驶员的信息传达

(a)西岛监控所人员通过可变情报板发布限速信息,提示驾驶员打开雾灯和近光灯,控制车速,保持车距。

(b)收费站人员告知驾驶员天气状况及交通控制措施,提醒驾驶员打开近光灯和雾灯,按规定驾驶,注意行车安全。

(c)建议口岸配合采取措施,告知驾驶员天气状况及交通控制措施,提醒驾驶员打开近光灯和雾灯,按规定驾驶,注意行车安全。

②香港连接线处于能见度为250~100m的响应阶段(第二阶段)

若香港连接线启动能见度为250~100m时的低能见度响应,香港连接线需将响应级别、影响范围、预计持续时间、将采取的措施通过信息平台或其他通信技术手段告知管理局。此时,管理局执行以下工作,完成对香港连接线的配合。

a. 西岛监控所操作

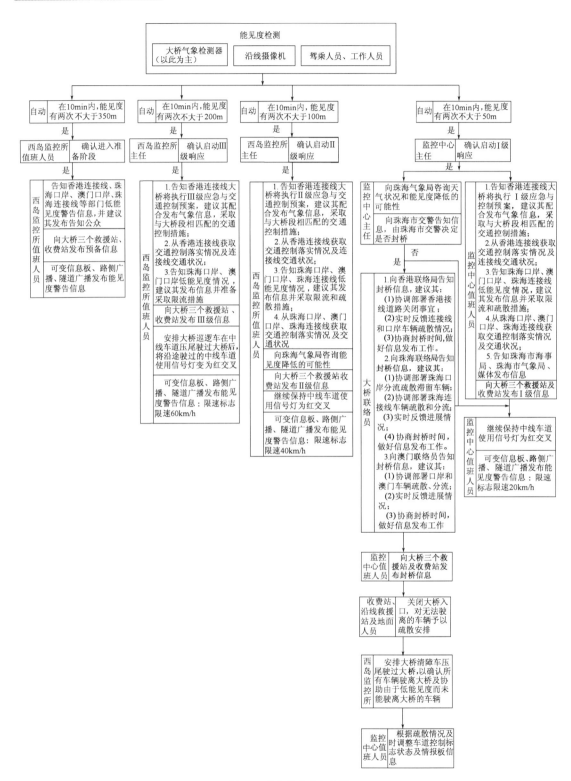

图 5-4 低能见度响应流程

第5章 港珠澳大桥跨界联动应急处置

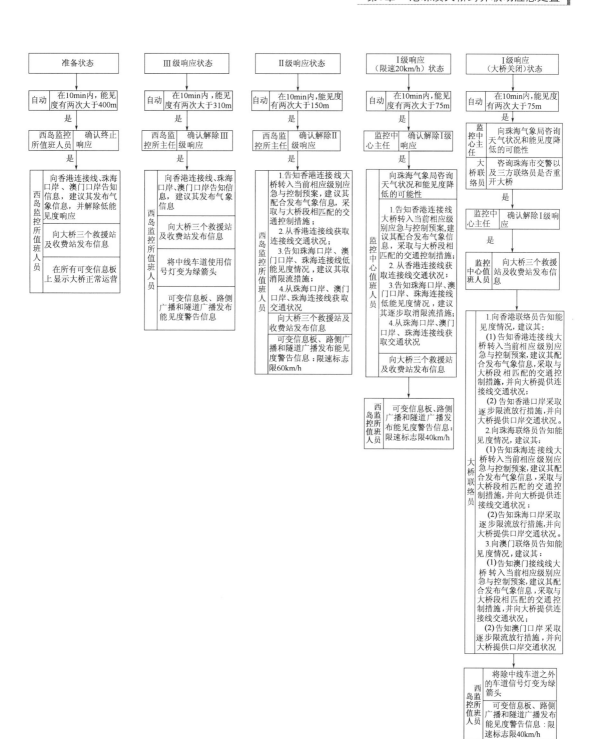

图 5-5 低能见度响应解除流程

111

监控人员通过可变情报板发布低能见度信息,并在大桥主体段和跨界段(西人工岛-隧道-东人工岛与香港接线衔接路段)采取匹配交通控制措施,主要包括速度匹配、车道匹配和信息匹配(具体见跨界交通控制总体预案和低能见度跨界交通控制专项预案)。

b. 资讯发放、回收及反馈(由西岛监控所人员执行)

(a)向大桥三个救援站和收费站发布能见度影响范围、等级、持续时间等信息。信息发布手段:信息平台、内部电话(录音)、无线对讲电话。

(b)监控人员向香港连接线告知大桥交通控制落实情况及大桥交通状况。

(c)将香港连接线低能见度信息及所采取的应对措施告知珠海口岸及澳门口岸。

(d)建议珠海口岸、澳门口岸利用各自可变情报板等设施发布香港连接线低能见度信息及所采取的应对措施,并适当控制驶向大桥(方向)车辆的数量和速度。

c. 对驾驶员的信息传达

(a)西岛监控所人员通过可变情报板发布限速信息,提示驾驶员打开雾灯和近光灯,控制车速,保持车距。

(b)收费站人员告知驾驶员天气状况及交通控制措施,提醒驾驶员打开近光灯和雾灯,按规定驾驶,注意行车安全。

(c)建议口岸配合采取措施,告知驾驶员天气状况及交通控制措施,提醒驾驶员打开近光灯和雾灯,按规定驾驶,注意行车安全。

③香港连接线处于能见度小于100m的响应阶段(第三阶段)

若香港连接线启动能见度小于100m时的低能见度响应,香港连接线需将响应级别、影响范围、预计持续时间、将采取的措施通过信息平台或其他通信技术手段告知管理局。此时,管理局执行以下工作,完成对香港连接线的配合。

a. 西岛监控所操作

监控人员通过可变情报板发布低能见度信息,并在大桥主体段和跨界段(西人工岛-隧道-东人工岛与香港接线衔接路段)采取匹配交通控制措施,主要包括速度匹配、车道匹配和信息匹配(具体见跨界交通控制总体预案和低能见度跨界交通控制专项预案)。

b. 资讯发放、回收及反馈(由西岛监控所人员执行)

(a)向大桥三个救援站和收费站发布能见度影响范围、等级、持续时间等信息。信息发布手段:信息平台、内部电话(录音)、无线对讲电话。

(b)监控人员向香港连接线告知大桥交通控制落实情况及大桥交通状况。

(c)将香港连接线低能见度信息及所采取的应对措施告知珠海口岸、澳门口岸及珠海连接线。

(d)建议珠海口岸、澳门口岸、珠海连接线利用各自可变情报板等设施发布香港连接线低能见度信息及所采取的应对措施,并适当控制驶向大桥(方向)车辆的数量和速度。

c.对驾驶员的信息传达

(a)西岛监控所人员通过可变情报板发布限速信息,提示驾驶员打开雾灯和近光灯,控制车速,保持车距。

(b)收费站人员告知驾驶员天气状况及交通控制措施,提醒驾驶员打开近光灯和雾灯,按规定驾驶,注意行车安全。

(c)建议口岸配合采取措施,告知驾驶员天气状况及交通控制措施,提醒驾驶员打开近光灯和雾灯,按规定驾驶,注意行车安全。

(8)香港连接线降低响应级别及终止响应

①香港连接线终止第三阶段响应

若香港连接线终止第三阶段低能见度响应,香港连接线需将Ⅰ级响应终止信息及将采取的措施通过信息平台或其他通信技术手段告知管理局。此时,管理局执行以下工作,完成对香港连接线的配合。

a.西岛监控所操作

监控人员通过可变情报板发布新的低能见度信息,并在大桥主体段和跨界段(西人工岛-隧道-东人工岛与香港接线衔接路段)采取匹配交通控制措施,主要包括速度匹配、车道匹配和信息匹配(具体见跨界交通控制总体预案和低能见度跨界交通控制专项预案)。

b.资讯发放、回收及反馈(由西岛监控所人员执行)

(a)向大桥三个救援站和收费站发布香港连接线Ⅰ级响应终止和新的能见度信息。信息发布手段包括信息平台、内部电话(录音)、无线对讲电话等。

(b)监控人员向香港连接线告知大桥交通控制落实情况及大桥交通状况。

(c)将香港连接线Ⅰ级响应终止、新的低能见度信息及所采取的应对措施告知珠海口岸及澳门口岸。

c.对驾驶员的信息传达

(a)西岛监控所通过可变情报板发布限速信息,提示驾驶员打开雾灯和近光灯,控制车速。

(b)收费站人员告知驾驶员天气状况及交通控制措施,提醒驾驶员打开近光灯和雾灯,按规定驾驶,注意行车安全。

(c)建议口岸配合采取措施,告知驾驶员天气状况及交通控制措施,提醒驾驶员打开近光灯和雾灯,按规定驾驶,注意行车安全。

②香港连接线终止第二阶段响应

若香港连接线终止第二阶段低能见度响应,香港连接线需将Ⅱ级响应终止信息及将采取的措施通过信息平台或其他通信技术手段告知管理局。此时,管理局执行以下工作,完成对香港连接线的配合。

a. 西岛监控所操作

监控人员通过可变情报板发布新的低能见度信息。

b. 资讯发放、回收及反馈(由西岛监控所人员执行)

(a)向大桥三个救援站及收费站发布香港连接线Ⅱ级响应终止和新的能见度信息。信息发布手段包括信息平台、内部电话(录音)、无线对讲电话等。

(b)监控人员向香港连接线告知大桥交通控制落实情况及大桥交通状况。

(c)将香港连接线Ⅱ级响应终止、新的低能见度信息及所采取的应对措施告知珠海口岸及澳门口岸。

c. 对驾驶员的信息传达

(a)西岛监控所通过可变情报板发布低能见度警告信息,提示驾驶员打开雾灯和近光灯,控制车速。

(b)收费站人员告知驾驶员天气状况及交通控制措施,提醒驾驶员打开近光灯和雾灯,按规定驾驶,注意行车安全。

(c)建议口岸配合采取措施,告知驾驶员天气状况及交通控制措施,提醒驾驶员打开近光灯和雾灯,按规定驾驶,注意行车安全。

③香港连接线终止低能见度响应

若香港连接线终止低能见度响应,香港连接线需将响应终止信息通过信息平台或其他通信技术手段告知管理局。此时,管理局执行以下工作,完成对香港连接线的配合。

a. 西岛监控所操作

在所有可变情报板上显示大桥正常运营。

b. 资讯发放、回收及反馈(由西岛监控所人员执行)

(a)向大桥三个救援站及收费站发布香港连接线低能见度响应终止信息。信息发布手段包括信息平台、内部电话(录音)、无线对讲电话等。

(b)将香港连接线低能见度响应终止信息告知珠海口岸、澳门口岸。

2)交通事故应急响应

(1)Ⅳ级响应

若发生仅涉及内地人员,交警出警后认为只需调用大桥救援力量处理的财产损失事故时,则启动Ⅳ级响应。此时实施以下交通事故应急响应措施。

a. 上层领导操作

西岛监控所主任是Ⅳ级交通事故时管理局应急响应的负责人,主要负责:

(a)对监控所人员的组织协调。

(b)组织大桥救援力量处理交通事故。

(c)对管理局应急响应工作的落实情况进行监察。

(d)在突发情况下及时应变,并组织大桥管理局自有救援力量实施救援。

b. 西岛监控所操作

(a)西岛监控所值班人员对事故处理时间进行预估。

(b)西岛监控所值班人员负责根据事故现场情况,执行相应级别交通事故下跨界交通控制专项预案,并操作交通控制设施(包括可变情报板、可变限速标志、车道控制标志等)发布交通事故信息,实现交通控制。

(c)西岛监控所值班人员根据相应级别交通事故下跨界交通控制专项预案,将交通事故信息及当前所采取交通控制预案措施告知香港连接线,并建议香港连接线采取相应的信息匹配、速度匹配、车道匹配措施(具体措施见交通事故下跨界交通控制专项预案)。

(d)若珠海市交警提出大桥需配合其采取交通控制措施,则根据珠海市交警要求执行。

(e)西岛监控所值班人员密切关注现场处理情况,并与现场人员保持信息实时沟通。

c. 地面人员的操作

珠海市交警为现场负责人。大桥沿线救援站负责人组织大桥救援力量积极配合交警行动并及时与西岛监控所人员互动。大桥救援力量主要负责:

(a)接受西岛监控所指令,路政及养护人员到达现场,根据情况保护现场。

(b)依据交警安排派遣拖车等资源到达现场进行救援。

(c)交通事故处理完毕后,路政和养护人员负责清理现场,保证道路通畅。

d. 资讯发放、回收及反馈

(a)西岛监控所值班人员向大桥三个救援站发布交通事故等级、发生时间、地点、事故对象、预计处理时间等信息。信息发布手段:信息平台、内部电话(录音)、无线对讲电话。

(b)西岛监控所值班人员向珠海市交警告知交通事故相关信息。

(2)Ⅲ级响应

若发生仅涉及内地人员,交警出警后认为需珠海救援力量增援的财产损失事故时,则启动Ⅲ级响应。此时实施以下交通事故应急响应措施。

a. 上层领导操作

监控中心主任是Ⅲ级交通事故时管理局应急响应的负责人,主要负责:

(a)对监控中心人员的组织协调。

(b)积极配合珠海市交警的工作,并根据交警要求组织协调管理局应急响应工作。

(c)对管理局应急响应工作的落实情况进行监察。

(d)监控中心主任在突发情况下及时应变,并组织大桥自有救援力量实施救援。

(e)确认需要珠海市应急救援力量参与交通事故救援时,在现场事故指挥(珠海市交警)的要求下,大桥管理局应急联络员向珠海市应急联络员发出救援请求,并告知交通事故信息、救援需求信息。

(f)珠海应急联络员按照救援需求,积极联络珠海应急工作成员开展救援行动。

b. 监控中心操作

(a)监控中心值班人员结合交警建议对事故处理时间进行预估。

(b)监控中心值班人员负责根据事故现场情况,执行相应级别交通事故下跨界交通控制专项预案,并操作交通控制设施(包括可变情报板、可变限速标志、车道控制标志等)发布交通事故信息,实现交通控制。

(c)监控中心值班人员根据相应级别交通事故下跨界交通控制专项预案,将交通事故信息及当前所采取交通控制预案措施告知香港连接线,并建议香港连接线采取相应的信息匹配、速度匹配、车道匹配措施(具体措施见交通事故下跨界交通控制专项预案)。

(d)若珠海市交警提出大桥需配合其采取交通控制措施,则根据珠海市交警要求执行。

(e)监控中心值班人员密切关注现场处理情况,并与现场人员保持信息实时沟通。

(f)监控中心值班人员将交通事故信息及交通救援措施告知珠海口岸。

(g)建议珠海口岸及时发布前方交通事故信息,如事故影响去往香港方向交通,则采取适当控制驶向大桥方向的车辆数量与速度;如事故影响去往珠海澳门方向交通,则采取适当加快疏导事故前方车辆,便于开展救援。

(h)建议珠海口岸为珠海市救援力量快速进入大桥,加速简化办理通关手续,并开辟应急通道。

(i)监控中心值班人员将交通事故信息及交通救援措施告知珠海连接线。

(j)建议珠海连接线及时发布前方交通事故信息,如事故影响去往香港方向交通,则采取适当控制驶向大桥方向的车辆数量与速度;如事故影响去往珠海澳门方向交通,则采取适当加快疏导事故前方车辆,便于开展救援。

(k)建议珠海连接线为珠海市救援力量快速进入大桥开辟应急通道。

c. 地面人员的操作

珠海市交警为现场负责人。大桥沿线救援站负责人组织大桥救援力量积极配合交警行动并及时与监控中心人员互动。大桥救援力量主要负责:

(a)接受监控中心指令,路政及养护人员到达现场,根据情况保护现场。

(b)依据交警安排派遣拖车等资源到达现场进行救援。

(c)交通事故处理完毕后,路政和养护人员负责清理现场,保证道路通畅。

d. 资讯发放、回收及反馈

(a)监控中心主任向大桥三个救援站发布交通事故等级、发生时间、地点、事故对象、预计处理时间等信息。信息发布手段:信息平台、内部电话(录音)、无线对讲电话。

(b)监控中心值班人员向珠海市交警告知交通事故相关信息。

(3) Ⅱ级响应

若交通事故满足以下条件之一时,启动Ⅱ级响应:

①仅涉及内地人员,交警出警后认为需三地救援力量增援的财产损失事故。

②涉外财产损失事故。

③人员伤亡事故。

并实施以下交通事故应急响应措施。

a. 上层领导操作

管理局应急工作组组长为Ⅱ级交通事故时管理局应急响应工作的总负责人,需到达监控中心,主要负责:

(a)积极配合现场负责人工作,并根据现场负责人要求组织协调管理局应急响应工作。

(b)作为监控中心负责人,负责对监控中心人员的组织协调。

(c)对管理局应急响应工作的落实情况进行监察。

(d)在突发情况下及时应变,并组织救援大桥管理局自有救援力量实施救援。

(e)确认需要三地应急救援力量参与交通事故救援时,在现场事故指挥的要求下,大桥管理局应急联络员向三地应急联络员发出救援请求,并告知交通事故信息、救援需求信息。

(f)珠海应急联络员按照救援需求,积极联络珠海应急工作成员开展救援行动。

(g)香港应急联络员按照救援需求,积极联络香港应急工作成员开展救援行动。

(h)澳门应急联络员按照救援需求,积极联络澳门应急工作成员开展救援行动。

b. 监控中心操作

(a)监控中心值班人员负责对事故处理时间进行预估。

(b)监控中心值班人员负责根据事故现场情况,执行相应级别交通事故下跨界交通控制专项预案,并操作交通控制设施(包括可变情报板、可变限速标志、车道控制标志等)发布交通事故信息,实现交通控制。

(c)监控中心值班人员根据相应级别交通事故下跨界交通控制专项预案,采取与香港连接线进行信息匹配、速度匹配、车道匹配的相应措施(具体措施见交通事故下跨界交通控制专项预案)。

(d)若现场负责人提出大桥需配合其采取交通控制措施,则根据现场负责人要求执行。

(e)密切关注现场处理情况,并与现场人员保持信息实时沟通。

(f)大桥应急联络员将交通事故信息、交通救援措施、交通救援需求信息告知珠海应急联络员。珠海市应急联络员负责将上述信息告知珠海口岸、珠海连接线及相关工作组成员。

(g)建议珠海口岸及时发布前方交通事故信息,如事故影响去往香港方向交通,则采取适当控制驶向大桥方向的车辆数量与速度;如事故影响去往珠海澳门方向交通,则采取适当加快疏导事故前方车辆,便于开展救援。

(h)建议珠海口岸为珠海市救援力量快速进入大桥,加速简化办理通关手续,并开辟应急通道。

(i)建议珠海连接线及时发布前方交通事故信息,如事故影响去往香港方向交通,则采取适当控制驶向大桥方向的车辆数量与速度;如事故影响去往珠海澳门方向交通,则采取适当加快疏导事故前方车辆,便于开展救援。

(j)建议珠海连接线为珠海市救援力量快速进入大桥开辟应急通道。

(k)大桥应急联络员将交通事故信息、交通救援措施、交通救援需求信息告知香港应急联络员。香港应急联络员负责将上述信息告知香港口岸、香港连接线及相关工作组成员。

(l)建议香港口岸及时发布前方交通事故信息,如事故影响去往香港方向交通,则采取适当加快疏导事故前方车辆,便于开展救援。如事故影响去往珠海澳门方向交通,则采取适当控制驶向大桥方向的车辆数量与速度。

(m)建议香港口岸为香港救援力量快速进入大桥,加速简化办理通关手续,并开辟应急通道。

(n)建议香港连接线及时发布前方交通事故信息,如事故影响去往香港方向交通,则采取适当加快疏导事故前方车辆,便于开展救援。如事故影响去往珠海澳门方向交通,则采取适当控制驶向大桥方向的车辆数量与速度。

(o)建议香港连接线为香港救援力量快速进入大桥开辟应急通道。

(p)大桥应急联络员将交通事故信息、交通救援措施、交通救援需求信息告知澳门应急联络员。澳门应急联络员负责将上述信息告知澳门口岸、澳门交通事务局及相关工作组成员。

(q)建议澳门口岸及时发布前方交通事故信息,如事故影响去往香港方向交通,则采取适当控制驶向大桥方向的车辆数量与速度;如事故影响去往珠海澳门方向交通,则采取适当加快疏导事故前方车辆,便于开展救援。

(r)建议澳门口岸为澳门救援力量快速进入大桥,加速简化办理通关手续,并开辟应急通道。

(s)建议澳门交通事务局及时发布前方交通事故信息,如事故影响去往香港方向交通,则采取适当控制驶向大桥方向的车辆数量与速度;如事故影响去往珠海澳门方向交通,则采取适当加快疏导事故前方车辆,便于开展救援。

(t)建议澳门交通事务局为澳门救援力量快速进入大桥开辟应急通道。

c.地面人员的操作

若现场人员仅为大桥人员和珠海救援人员,则珠海市交警作为现场负责人;若救援力量超出珠海范围,则由大桥、珠海、香港、澳门联络员协商决定现场负责人。大桥沿线救援站负责人组织大桥救援力量积极配合现场负责人行动并及时与监控中心人员互动。大桥救援力量主要负责:

(a)接受监控中心指令,路政及养护人员到达现场,根据情况布设现场。

(b)依据现场负责人安排派遣拖车、救护车等资源到达现场进行救援。

(c)交通事故处理完毕后,路政和养护人员负责清理现场,保证道路通畅。

d. 资讯发放、回收及反馈

(a)监控中心主任向大桥三个救援站发布交通事故等级、发生时间、地点、事故对象、人员伤亡情况、预计处理时间等信息。信息发布手段:信息平台、内部电话(录音)、无线对讲电话。

(b)监控中心值班人员向珠海市交警告知交通事故相关信息。

(c)大桥联络员将交通事故相关信息告知珠海联络员、香港联络员、澳门联络员。

(4)Ⅰ级响应

管理局及三地应急工作组在交通事故应急救援工作中存在争议时,启动Ⅰ级响应。此时实施以下交通事故应急响应措施。

a. 上层领导操作

Ⅰ级响应由应急协调工作组负责。管理局应急工作组组长负责组织大桥救援力量对应急协调工作组决定进行落实。

(a)确认需要三地应急救援力量参与交通事故救援时,在三地应急协调小组的要求下,大桥管理局应急联络员向三地应急联络员发出救援请求,并告知交通事故信息、救援需求信息。

(b)珠海应急联络员按照救援需求,积极联络珠海应急工作成员开展救援行动。

(c)香港应急联络员按照救援需求,积极联络香港应急工作成员开展救援行动。

(d)澳门应急联络员按照救援需求,积极联络澳门应急工作成员开展救援行动。

(e)大桥应急联络员将交通事故信息、交通救援措施、交通救援需求信息告知珠海应急联络员。珠海市应急联络员负责将上述信息告知珠海口岸、珠海连接线及相关工作组成员。

(f)建议珠海口岸及时发布前方交通事故信息,如事故影响去往香港方向交通,则采取适当控制驶向大桥方向的车辆数量与速度;如事故影响去往珠海澳门方向交通,则采取适当加快疏导事故前方车辆,便于开展救援。

(g)建议珠海口岸为珠海市救援力量快速进入大桥,加速简化办理通关手续,并开辟应急通道。

(h)建议珠海连接线及时发布前方交通事故信息,如事故影响去往香港方向交通,则采取适当控制驶向大桥方向的车辆数量与速度;如事故影响去往珠海澳门方向交通,则采取适当加快疏导事故前方车辆,便于开展救援。

(i)建议珠海连接线为珠海市救援力量快速进入大桥开辟应急通道。

(j)大桥应急联络员将交通事故信息、交通救援措施、交通救援需求信息告知香港应急联络员。香港应急联络员负责将上述信息告知香港口岸、香港连接线及相关工作组成员。

(k)建议香港口岸及时发布前方交通事故信息,如事故影响去往香港方向交通,则采取适当加快疏导事故前方车辆,便于开展救援。如事故影响去往珠海澳门方向交通,则采取适当控制驶向大桥方向的车辆数量与速度。

(l)建议香港口岸为香港救援力量快速进入大桥,加速简化办理通关手续,并开辟应急通道。

(m)建议香港连接线及时发布前方交通事故信息,如事故影响去往香港方向交通,则采取适当加快疏导事故前方车辆,便于开展救援。如事故影响去往珠海澳门方向交通,则采取适当控制驶向大桥方向的车辆数量与速度。

(n)建议香港连接线为香港救援力量快速进入大桥开辟应急通道。

(o)大桥应急联络员将交通事故信息、交通救援措施、交通救援需求信息告知澳门应急联络员。澳门应急联络员负责将上述信息告知澳门口岸、澳门交通事务局及相关工作组成员。

(p)建议澳门口岸及时发布前方交通事故信息,如事故影响去往香港方向交通,则采取适当控制驶向大桥方向的车辆数量与速度;如事故影响去往珠海澳门方向交通,则采取适当加快疏导事故前方车辆,便于开展救援。

(q)建议澳门口岸为澳门救援力量快速进入大桥,加速简化办理通关手续,并开辟应急通道。

(r)建议澳门交通事务局及时发布前方交通事故信息,如事故影响去往香港方向交通,则采取适当控制驶向大桥方向的车辆数量与速度;如事故影响去往珠海澳门方向交通,则采取适当加快疏导事故前方车辆,便于开展救援。

(s)建议澳门交通事务局为澳门救援力量快速进入大桥开辟应急通道。

b. 监控中心操作

(a)监控中心负责人由应急协调工作组指定。负责对监控中心人员的组织协调。

(b)监控中心值班人员负责对事故处理时间进行预估。

(c)监控中心值班人员负责根据事故现场情况,执行相应级别交通事故下跨界交通控制专项预案,并操作交通控制设施(包括可变情报板、可变限速标志、车道控制标志等)发布交通事故信息,实现交通控制。

(d)监控中心值班人员根据相应级别交通事故下跨界交通控制专项预案,采取与香港连接线进行信息匹配、速度匹配、车道匹配的相应措施(具体措施见交通事故下跨界交通控制专项预案)。

(e)若现场负责人提出大桥需配合其采取交通控制措施,则根据现场负责人指示执行。

(f)密切关注现场处理情况,并与现场人员保持信息实时沟通。

c. 地面人员的操作

现场负责人由应急协调工作组指定。大桥沿线救援站负责人组织大桥救援力量积极配合现场负责人行动并及时与监控中心人员互动。大桥救援力量主要负责:

(a)接受监控中心指令,路政及养护人员到达现场,根据情况布设现场。

(b)依据现场负责人安排派遣拖车、救护车等资源到达现场进行救援。

(c)交通事故处理完毕后,路政和养护人员负责清理现场,保证道路通畅。

d. 资讯发放、回收及反馈

(a)监控中心主任向大桥三个救援站发布交通事故等级、发生时间、地点、事故对象、人员伤亡情况、预计处理时间等信息。信息发布手段:信息平台、内部电话(录音)、无线对讲电话。

(b)监控中心值班人员向珠海市交警告知交通事故相关信息。

(c)大桥联络员将交通事故救援相关信息告知珠海联络员、香港联络员、澳门联络员。

(d)大桥、三地联络员将事故救援信息上报应急协调工作组。

(5)应急解除

①交通事故结束指标

a. 受危险威胁人员安全离开危险区并得到良好的安置。

b. 现场抢救活动已经结束。救援车辆已经驶离大桥,救援人员已经撤离大桥。

c. 道路设施基本抢修完毕,路面清理完毕,能保障大桥正常运营。

d. 现场交通逐步恢复正常。

②宣布应急状态解除

由各级响应负责人判断事件结束指标,并向相关应急机构发布响应结束指令。

a. Ⅳ级状态下,由西岛监控所主任确认Ⅳ级交通事故应急处置结束,并通过信息平台或其他通信手段,告知珠海市交警、香港连接线。建议香港连接线发布交通事故处置完毕信息。

b. Ⅲ级状态下,由监控中心主任确认Ⅲ级交通事故应急处置结束,大桥管理局应急联络员通过信息平台或其他通信手段,告知珠海市应急联络员、香港连接线、珠海市相关救援工作组成员。建议珠海口岸、珠海连接线、香港连接线发布交通事故处置完毕信息。

c. Ⅱ级状态下,由管理局应急工作组组长确认Ⅱ级交通事故应急处置结束,大桥管理局应急联络员通过信息平台或其他通信手段,告知珠海应急联络员、香港应急联络员、澳门应急联络员。三地联络员负责将事故处置完毕信息告知各自参与应急相关工作组成员。建议珠海口岸、珠海连接线、香港口岸、香港连接线、澳门口岸、澳门交通事务局发布交通事故处置完毕信息。

d. Ⅰ级状态下,由应急协调工作组确认Ⅰ级交通事故应急处置结束,大桥管理局应急联络员通过信息平台或其他通信手段,告知珠海应急联络员、香港应急联络员、澳门应急联络员。三地联络员负责将事故处置完毕信息告知各自参与应急相关工作组成员。建议珠海口岸、珠海连接线、香港口岸、香港连接线、澳门口岸、澳门交通事务局发布交通事故处置完毕信息。

(6)对香港连接线交通事故响应的配合

若香港连接线发生交通事故,香港连接线需将交通事故信息(事故地点、级别及事故内容、影响范围、预计处置时间、将采取的措施)通过信息平台或其他通信技术手段告知管理局。此时,管理局执行以下工作,完成对香港连接线的配合:

①配合发布交通管制信息,并在大桥主体段和跨界段(西人工岛-隧道-东人工岛与香港接

线衔接路段)采取匹配交通控制措施,主要包括速度匹配、车道匹配和信息匹配(具体见跨界交通控制总体预案和交通事故下跨界交通控制专项预案)。

②向香港连接线告知大桥交通控制落实情况及大桥交通状况。

③监控人员将香港连接线交通事故信息、交通救援措施、交通救援需求信息告知珠海口岸及珠海连接线。建议珠海口岸及珠海连接线及时发布香港连接线交通事故信息,如事故影响去往香港方向交通,则采取适当控制驶向大桥方向的车辆数量与速度;如事故影响去往珠海澳门方向交通,则采取适当加快疏导事故前方车辆,便于港方开展救援。

④监控人员将香港连接线交通事故信息、交通救援措施、交通救援需求信息告知澳门口岸及澳门交通事务局。建议澳门口岸及澳门交通事务局及时发布香港连接线交通事故信息,如事故影响去往香港方向交通,则采取适当控制驶向大桥方向的车辆数量与速度;如事故影响去往珠海澳门方向交通,则采取适当加快疏导事故前方车辆,便于港方开展救援。

⑤当香港部分救援力量不能完成交通事故救援,经研判需要主体部分联合救援处置时,香港连接线需向管理局应急联络员提出对救援资源(人员、车辆等)及救援时效的具体需求。大桥管理局应急联络员据此安排联合救援行动,并向香港部分告知救援力量安排调度情况、预计到达时间和联系人。

⑥交通事故响应结束后,根据交通事故级别管理局应急联络员、监控中心、西岛监控所应与香港连接线交互交通事故的处理信息,并采取事件响应结束措施(主要为恢复大桥交通,对相关部门的信息告知)。

5.7 港珠澳大桥联合救援预案

在港珠澳大桥三地联动救援范围、三地救援内容、三地救援原则,典型事件风险评估及响应分级,联合救援组织及分工,危险源监控,联合救援流程研究的基础上,制定《跨界通道运营管理联合救援预案》。

《跨界通道运营管理联合救援预案》由总体预案和四册专项预案组成,具体包括:

(1)《跨界通道运营管理联合救援总体预案》;

(2)《跨界通道运营管理低能见度联合救援专项预案》;

(3)《跨界通道运营管理强风联合救援专项预案》;

(4)《跨界通道运营管理交通事故联合救援专项预案》;

(5)《跨界通道运营管理火灾联合救援专项预案》。

总体预案主要界定三地联动救援范围,明确救援内容和救援原则,分析三地联动救援需求,并对三地联动组织体系与运作模式做了规定。

专项预案对每一种事件,提出其预防措施;研究事件信息来源及确认方式;对三地响应分级进行匹配,并重点对启动、终止指标进行可执行的量化规定;制定事件响应、终止程序(包括各级别的应急救援相关部门、信息传递方式及内容、操作程序等)及事件响应流程。跨界通道运营管理联合救援预案体系如图5-6所示。

5.7.1 跨界通道运营管理联合救援总体预案

跨界通道运营管理联合救援总体预案在对三地联动救援的范围,内容及原则进行界定的基础上,完成了紧急事件分类及危险评估,提出三地联动救援需求。主要为:三地联动救援的对象[包括在不同紧急事件联合

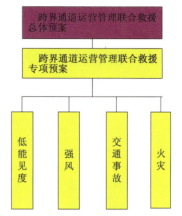

图5-6 跨界通道运营管理联合救援预案体系

救援下所涉及应急组织体系中四部分(管理局、香港、珠海、澳门)的各相关部门]组合在不同紧急事件联合救援下相互间的应急信息的需求、应急措施的需求、跨界交通控制的需求。此外,制定了三地联动救援组织体系,规定了行政组织体系及部门级救援组织体系,并规定了多方职责。跨界通道运营管理联合救援总体预案内容架构如图5-7所示。

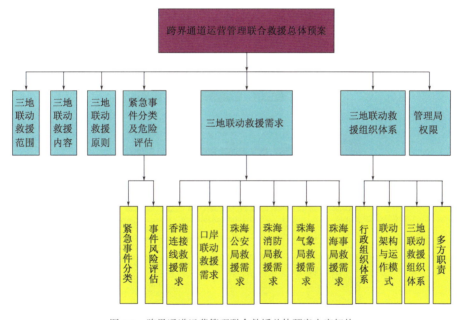

图5-7 跨界通道运营管理联合救援总体预案内容架构

5.7.2 跨界通道运营管理低能见度联合救援专项预案

跨界通道运营管理低能见度专项预案重点完成了低能见度响应分级,在三方响应指标的匹配时,提出"标准从严"的原则。此外,考虑规定的可操作性,取消了低能见度时在车距保持上的量化规定,仅做保持车距的提醒。对每一级别通告部门及信息发布方式进行了阐述。加

强了对低能见度的日常监察,保证低能见度信息的及时获取。对各级别的响应措施做出规定,力求响应措施的可执行性,注重对驾驶员的宣传,并提出三地部门的配合建议,确保联动救援的有效实施。跨界通道运营管理低能见度专项预案内容架构如图5-8所示。

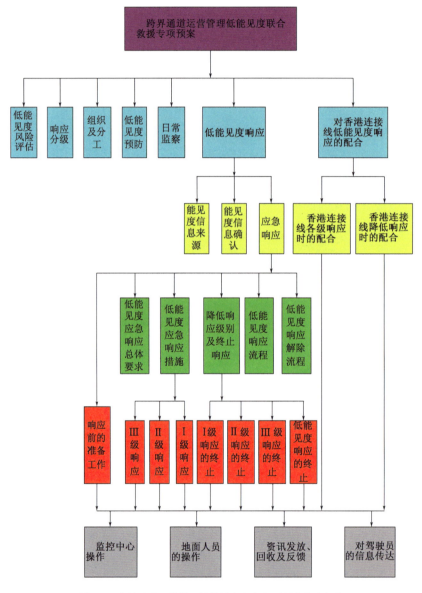

图 5-8　跨界通道运营管理低能见度应急专项预案内容架构

5.7.3　跨界通道运营管理强风联合救援专项预案

跨界通道运营管理强风联合救援专项预案研究思路同低能见度专项预案,重点研究了响应分级,相关应急部门及信息交互手段,预防及日常监察,分级响应程序等内容。跨界通道运营管理强风联合救援专项预案内容架构如图5-9所示。

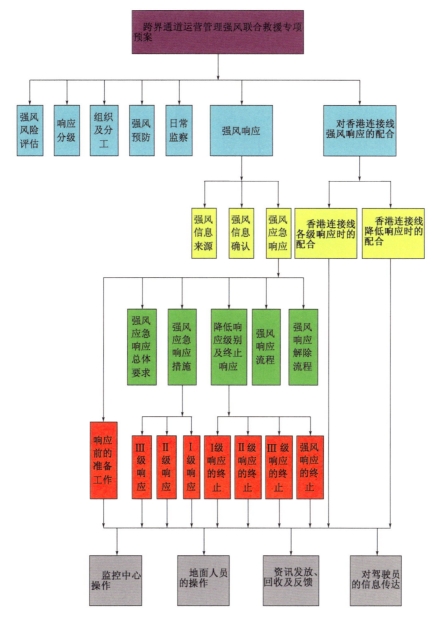

图 5-9　跨界通道运营管理强风联合救援专项预案内容架构

5.7.4　跨界通道运营管理交通事故联合救援专项预案

在编制交通事故专项预案时,由于应急救援主要是调用救援资源对人、财、物进行救援,交通控制预案主要针对大桥交通的控制,因此,分开规定应急响应与交通控制指标。此外,重点研究了各级事故处理时的指挥机构及参与机构,并规定了分级响应程序。跨界通道运营管理交通事故联合救援专项预案内容架构如图 5-10 所示。

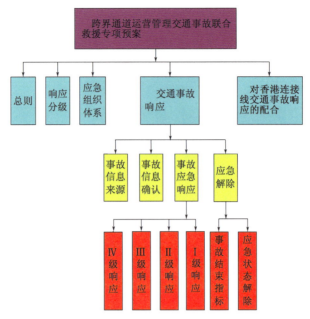

图 5-10　跨界通道运营管理交通事故联合救援专项预案内容架构

5.7.5　跨界通道运营管理火灾联合救援专项预案

同交通事故专项预案,在编制消防应急专项预案时,分开规定应急响应与交通控制指标。此外,重点研究了各级事故处理时的指挥机构及参与机构,并规定了分级响应程序。跨界通道运营管理火灾联合救援专项预案内容架构如图 5-11 所示。

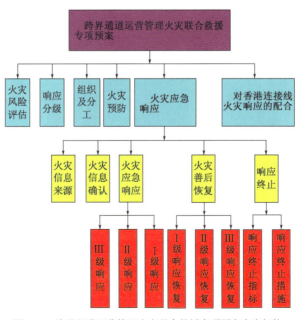

图 5-11　跨界通道运营管理火灾联合救援专项预案内容架构

5.8 港珠澳大桥突发事件下的交通控制预案

在港珠澳大桥交通事件分类分级、跨界交通管理组织体系与运作模式、港珠澳大桥跨界交通控制关键技术研究的基础上,研究港珠澳大桥运营过程中不同运营事件下的跨界交通控制管理模式与策略,制定《跨界交通控制预案》。

《跨界交通控制预案》由总体预案和专项预案组成,主要包括:

(1)《跨界交通控制总体预案》;
(2)《低能见度跨界交通控制专项预案》;
(3)《强风情况下跨界交通控制专项预案》;
(4)《交通事故下跨界交通控制专项预案》;
(5)《火灾事故下跨界交通控制专项预案》。

总体预案主要对跨界交通运营过程中风险源进行辨识分析,研究运营事件下交通情况特点,提供运营事件分类分级依据,分析粤港澳三地实现跨界交通控制的总体需求,提出粤港澳三地施行跨界交通控制的总体原则,同时实现跨界交通控制在车速、车道及信息传递方面的匹配,为实现跨界交通控制、制定不同运营事件跨界交通控制专项预案打下坚实理论基础。

依据总体预案对运营事件分类及特点分析,研究各类运营事件下跨界交通控制,不同运营事件下跨界交通专项预案在分析运营事件特点,并依据运营事件实际情况实现事件分级的条件下,对应于不同等级运营事件对交通运营影响的特点,分级制定相应的详细交通控制流程。专项预案依据总体预案中制定的跨界交通控制原则,针对不同运营事件特点,提出跨界交通控制要求,并且制定不同运营事件等级下的详细跨界交通控制措施及应对流程,用来合理有效的指导跨界交通控制。跨界交通控制预案体系如图5-12所示。

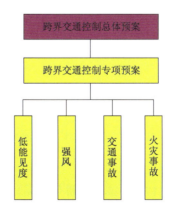

图 5-12 跨界交通控制预案体系

5.8.1 跨界交通控制总体预案

交通控制总体预案确定跨界交通控制范围、可行性、事件分类与风险分析、控制需求、运作模式等方面的主要研究成果。提出分段控制理念，并提出车速控制匹配、车道控制匹配、信息显示匹配的跨界控制三原则。针对香港连接线的控制方案制定了车速控制匹配总体方案和车道控制匹配总体方案，提出信息匹配的专项性、连续性、同步性原则。跨界交通控制总体预案内容架构如图 5-13 所示。

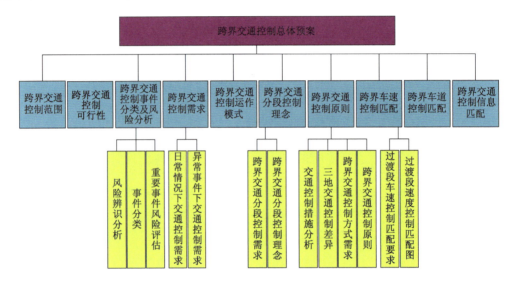

图 5-13 跨界交通控制总体预案内容架构

5.8.2 低能见度跨界交通控制专项预案

1）低能度跨界交通控制等级划分

按能见度小于 50m、100m、200m、350m 的标准将响应级别分为四级，并从限速、中线禁行、可变信息提示等角度给出相应控制措施。

2）控制原则

考虑气象监测器的布设位置、能见度覆盖范围、交通控制设施设置情况，大桥主体段和跨界段进行分段跨界交通控制，遵循车道控制匹配、车速控制匹配、信息显示匹配三原则。

3）控制要求

以大桥中央分隔带开口 K24+173 为界将大桥分为路段 A 和 B 两段，依据不同位置检测器的检测值判定能见度值是否已达到预案指标，过渡段相邻两路段间的速度差值不能超过 20km/h，要求车速平滑过渡。

4)分级响应措施

由低到高分准备阶段、Ⅲ级、Ⅱ级、Ⅰ级跨界交通控制措施。

5)跨界车速控制匹配方案

分析低能见度条件下香港连接线限速 100km/h、80km/h、50km/h 时大桥如何进行限速措施匹配。

低能见度跨界交通控制专项预案内容架构如图 5-14 所示。

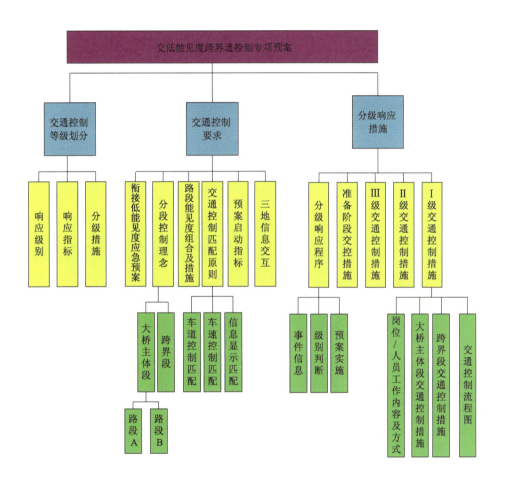

图 5-14　低能见度跨界交通控制专项预案内容架构

5.8.3　强风情况下跨界交通控制专项预案

1)强风情况下跨界交通控制等级划分

按风速大于 30km/h、40km/h、55km/h、65km/h 的标准将响应级别分为四级,并从限速、中线禁行、可变信息提示等角度给出相应控制措施。

2) 控制要求

根据大桥主体受风速影响的情况将大桥分为主体段和跨界段(西岛-隧道-东岛-香港连接线衔接段)两部分,以15min内平均风速大于指定风速的情况发生了两次,启动预案,相邻两路段间的速度差值不能超过20km/h,要求车速平滑过渡。

3) 控制分级响应措施

强风交通控制预案的分级响应由低到高分准备阶段、Ⅲ级、Ⅱ级、Ⅰ级阶段,并详细分析每一阶段的参与控制的岗位、工作内容与信息沟通方式。

强风情况下跨界交通控制专项预案内容架构如图5-15所示。

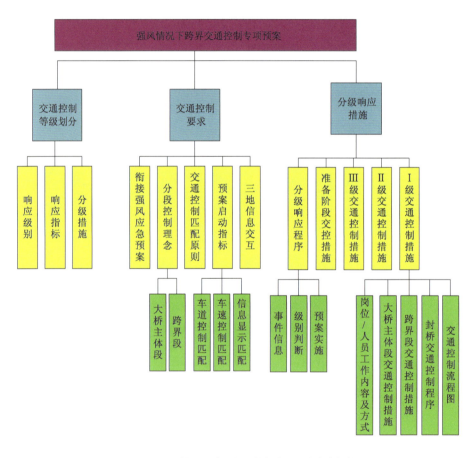

图 5-15　强风情况下跨界交通控制专项预案内容架构

5.8.4　交通事故下跨界交通控制专项预案

1) 交通事故控制等级划分

按事故占用车道数与持续时间将跨界交通控制级别分为三级。

2）控制要求

分大桥主体和跨界段两部分进行控制管理，交警统一指挥，路政养护、消防、卫生等部门积极配合。信息发布及时。香港连接线、口岸等有关方的密切配合至关重要。遵循车道控制匹配、车速控制匹配、信息显示匹配三原则。

3）分级响应措施

制定不同级别交通事故交通控制确认启动流程，不同级别事故应采取的控制措施，不同的人员岗位分工，主要的工作内容，以及信息交互的方式。

交通事故下跨界交通控制专项预案内容架构如图 5-16 所示。

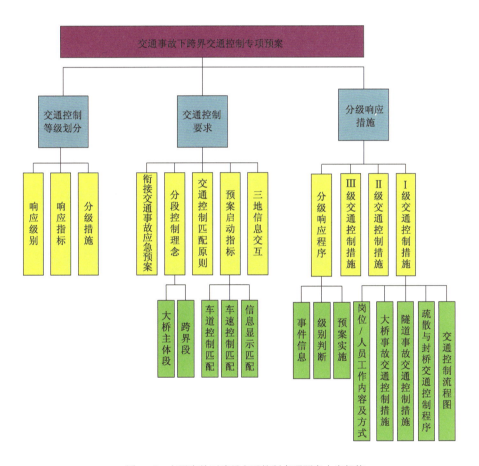

图 5-16　交通事故下跨界交通控制专项预案内容架构

5.8.5　火灾事故下跨界交通控制专项预案

1）火灾交通控制等级划分

依据占用车道数和车道封闭时间将火灾事故分为两级。

2) 控制要求

保证人员安全,以最快的速度疏散人流车流,隧道火灾事故在 3min 内发现。

3) 分级响应措施

制定不同级别火灾事件交通控制确认启动流程,不同级别火灾事件应采取的控制措施,人员岗位分工,主要工作内容,以及信息交互的方式。

火灾事故下跨界交通控制专项预案内容架构如图 5-17 所示。

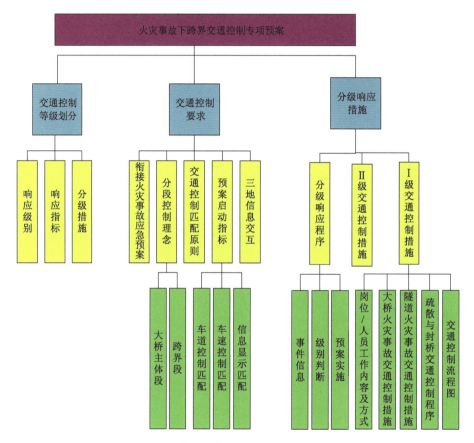

图 5-17　火灾事故下跨界交通控制专项预案内容架构

本章参考文献

[1] 澳门地球物理即气象局,http://www.smg.gov.mo/www/ccaa/clImate/fc_clImate.htm.

[2] 中国气象局.中国气象灾害年鉴(2006)[M].北京:气象出版社,2006.

[3] 白彬人.中国近海沿岸海雾规律特征、机理及年际变化的研究[D].南京:南京信息工程大学,2006.

[4] 赵慧霞,王维国.雾对我国交通运输的不利影响及对策[J].气象与环境学报,2010,26(2):58-62.

[5] 何平.浅谈道路交通事故的危害原因及应对措施[J].北京电力高等专科学校学报,2011,(6):494-497.

[6] 钟彩霞,贾皓亮.低能见度条件下高速公路行车速度变化对行车安全的影响[J].交通与运输,2005,(12):66-69.

[7] 中交公路规划设计院有限公司.风对跨海长距离桥梁行车安全的影响及设计对策专题研究报告[R].港珠澳大桥主体工程初步设计阶段专题研究报告,2009.

[8] 道路交通事故处理程序规定[Z].中华人民共和国公安部,2008.

[9] 冯民学,顾松山,卞光辉.高速公路浓雾监测预警系统[J].中国公路学报,2004,17(3):92-97.

[10] 钟开斌."一案三制":中国应急管理体系建设的基本框架[J].南京社会科学,2009,(11):78-83.

[11] 邢娟娟.重大事故的应急救援预案编制技术[J].中国安全科学学报,2004,14(1):57-59.

[12] 罗淘,瞿辉,周晓梅.长江隧桥综合监控系统应急预案和联动方案研究[J].上海船舶运输科学研究所学报,2010,33(2):98-114.

[13] 廖志高.高速公路隧道运营安全管理对策研究[D].上海:同济大学交通运输工程学院,2008.

[14] Ge Tao. Requirements Analysis on the Highway Emergency Resource based on Fuzzy Comprehensive Evaluation [J]. Applied Mechanics and Materials, 2012, 178-181: 2779-2783.

[15] Zhao Jiandong, Chen Xuzhe, Duan Xiaohong, Shen Tong. Study on Demand Forecasting and Allocation of Expressway Emergency Vehicle Resource [J]. Journal of Computational Information Systems, 2014, 10(10): 4205-4215.

[16] Zhao Jiandong, Duan Xiaohong, Zhang Lina, Sun Xin, Zhao Qinglin. Traffic Emergency Resources Dispatch Based on Opportunity Cost Method with GA-BP Optimization Model [J]. Advances In Information Sciences and Service Sciences, 2013, 5(9): 301-309.

第6章 跨界交通管理信息交换体系

在一国两制三地背景下利用跨界通道形成信息交换平台,在国内尚属首次,在国际也鲜有可参考的案例。本章根据港珠澳大桥管理局(以下简称"管理局")管理体制、应急救援与三地联动预案、跨界交通控制管理程序等,梳理了三地口岸和连接线相关建设管理机构和政府部门信息交换现状,提出了三地信息交换体系、信息发送机制、信息接收机制和信息澄清机制,分析了三地信息交换平台的设计原则、功能需求和技术需求,提出了三地信息交换系统架构。

6.1 三地信息交换基础设施概况

6.1.1 三地政府机构通信及信息系统

在港珠澳大桥跨界运营和管理的过程中,三地交通主管部门将参与港珠澳大桥应急救援与跨界交通控制,从而产生信息交换的需求。

1) 港珠澳大桥三地联合工作委员会

三地委办公室和管理局一起办公,借助管理局信息平台办公;管理局/三地委与三地政府之间的沟通主要通过公文和电话。

2) 港珠澳大桥管理局通信及信息系统

管理局是由香港特别行政区政府、广东省人民政府和澳门特别行政区政府举办的事业单位,承担港珠澳大桥主体部分的建设、运营、维护和管理的组织实施等工作。管理局在建设期与三地相关机构进行信息交换的内容与机制,由综合事务部负责提供相关资料。

管理局建设期使用 MIS 系统,MIS 系统下已建立 HSE(Health, Safety, Environment)管理子系统(建设期),负责建设期的危险源管理、环保管理、救援物资管理等内容,具体内容由安全环保部负责提供相关资料。MIS 系统下的应急救援管理子系统和交通控制管理子系统仅针对建设期。

3) 珠海市气象局

珠海气象局与交警、电视台均有专线、光纤接入。三大运营商在气象局都有光纤,并有预留。气象预报主要分两类,一是公益预报,根据《珠海市气象灾害预警条例规定》进行;二是特殊服务,根据项目的特殊需求,建立发送和信息交互体系。对于港珠澳大桥自身采集的气象信息,可以并到气象网络中,以便做出更全面的预报。

珠海市气象局与港澳气象部门联系比较多,与港澳交换的实时数据多一些,主要通过Internet采用虚拟VPN方式进行实时信息交换,现在还没有专网互联。珠海市气象局与港澳的预警信号不一样,体系不同,香港采用几号风球方式,内地通过橙色、红色等表示不同的预警级别。这是需要统一协调的地方。

对于港珠澳大桥,三地应该形成会商机制,将海域作为一个整体进行考量。目前广东省气象厅正与香港、澳门合作,准备将三地气象合并成一个网,但三者之间的标准不一致,预警符号不一致,这就需要三方统一检测标准和预报标准。另外,香港大屿山有气象检测站,距离东人工岛约4km。

6.1.2 三地公用通信网络接入条件

1)港珠澳大桥主体工程

根据主体工程通信系统施工图设计方案,主体工程通信系统已与移动通信网络供应商进行了沟通,将对珠澳口岸人工岛大桥管理区至东人工岛沿线进行无线覆盖,提供数字无线集群及调度业务。无线覆盖范围包括桥梁路面、海底隧道、东西人工岛、珠澳口岸人工岛大桥管理区。

主体工程通信系统提供了数字程控交换系统,为三地公众电话网(PSTN)提供接入服务。

主体工程通信系统分别预留了与三地之间的专网通道,为三地之间通过专用网络进行实时信息交换提供接入条件。

2)香港、珠海和澳门连接线

香港连接线的无线电网已实现全覆盖,一直到粤港分界线,并预留了专网通道。

珠海连接线已实现移动通信网络和互联网覆盖,并为公众电话网(PSTN)和专网预留了通道。

6.2 三地信息交换体系与机制

6.2.1 三地信息交换系统信息发送机制

1)信息发送触发条件研究

三地信息交换的数据都以约定的格式进行封装和解析,并存储在信息交换数据库中。三地交换的信息发送分为两大类:主动发送和请求发送。

对于大桥通行状况、实时气象信息、VTS预警信息、事件消息等信息,采取主动发送的方式;对于通行车辆信息、交通监控信息、交通流量数据等信息,采取请求响应的发送方式。

根据信息发送方式的不同,信息发送机制可分为以下两类:

(1)主动的信息发送机制

该类信息发送机制的触发条件是三地信息交换数据库的更新。每当有一条信息被更新到三地信息交换数据库时,就会触发主动的信息发送。

可以在信息交换数据库中建立一系列的数据触发器,自动捕捉数据变动情况,供三地实时或定时获取最新的三地交通信息。

(2)基于请求的信息发送机制

该类信息发送机制的触发条件是信息请求。每当有一条信息发送请求时,就会触发基于请求的信息发送。

当三地信息交换系统接收到信息请求时,会自动在信息交换数据库中进行查询,并反馈查询结果。

2)信息发送授权问题研究

在三地信息交换平台中,对不同类别的信息授予不同的发送权限,从而实现对信息资源的保护。具体的实现方法是:

(1)主动信息发送授权

当信息交换数据库有相关的信息更新时,只要通过内容审查与核实的信息,信息交换平台自动将其发送到指定的信息接收方,主动信息发送不再需要其他授权。

(2)基于请求的信息发送授权

对于基于请求的信息发送,三地有关的信息提供方负责被请求信息的核实和发送,但所有的信息提供方必须经过三地信息交换平台的身份认证,包括信息提供方身份标识和身份鉴别,只有通过身份认证的合法用户才能进入系统,进行信息发送等操作。

3)信息内容审查与核实机制研究

接到信息请求后,三地信息交换系统在发送信息之前,需要进行信息内容的审查与核实,具体包括:

(1)信息内容审查

信息内容审查包括信息交换范围审查和合法性审查两部分,下面分别予以说明。

(2)信息交换范围审查

三地信息交换系统应该对发送的信息进行内容审核,确保请求发送的信息都在三地信息交换需求分析报告划定的范围。

(3)合法性审查

三地信息交换系统还应审核发送的信息是否符合三地有关法律法规的要求,只有满足三地相关法律法规要求的信息,才能够进行信息的发送。

(4)数据检索与核实

对于通过信息内容审查的信息请求,三地信息交换系统会在信息交换数据库中进行数据检索,并核实检索到的信息是否与请求的信息完全匹配,核实不通过的信息无法完成发送。

4)信息发送流程研究

根据信息发送方式的不同,信息发送的流程可划分为主动信息发送流程和基于请求的信息发送流程。

(1)主动信息发送流程

如图6-1所示,信息交换数据库的更新会触发主动的信息发送流程:

①对数据库中更新的信息进行检验,以确定该条信息是否属于主动发送的信息范围。如果属于主动发送的信息,进入下一步,否则返回信息交换数据库。

②完成主动信息发送,将更新的信息自动推送到相关接收部门。

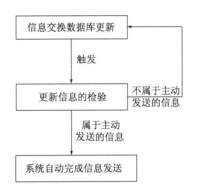

图 6-1 三地信息交换系统主动信息发送流程

(2)基于请求的信息发送流程

如图6-2所示,当收到一条信息发送请求后,就会触发基于请求的信息发送流程:

①对请求者身份进行验证。验证没有通过的请求将会被拒绝,并将拒绝信息返回给请求者;验证通过的请求进入下一步。

②对请求的信息进行信息内容审查。审查没有通过的信息请求将被拒绝,并将拒绝信息返回给请求者;审查通过的信息请求进入下一步。

③对信息交换数据库进行数据检索,以判断数据库中是否存储与请求信息相匹配的信息。如果检索不到相匹配的信息,信息请求会被拒绝,并将拒绝信息返回给请求者;如果检索到相匹配的信息,则进入下一步。

④对信息提供者的身份进行验证。没有通过身份验证的信息提供者无法完成信息的发送,并将拒绝信息返回给请求者;通过身份验证的信息提供者将信息通过三地信息交换系统发送给信息请求者。

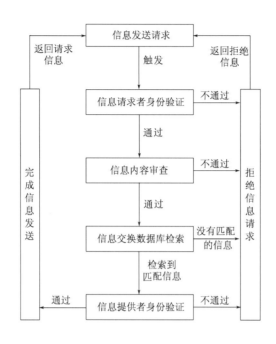

图 6-2　三地信息交换系统基于请求的信息发送流程

6.2.2　三地信息交换系统信息接收机制

1）信息获取的授权问题

为保证信息交换的安全,三地信息交换系统必须具有访问控制功能,主要体现在两个方面:用户注册和权限控制。

(1)用户注册

某个系统(或个人)要加入三地信息交换系统进行信息交换,必须先进行注册,获得系统的授权。若经验证该注册合法,则向该系统(或个人)发放访问通行证。

合法的注册用户可以向三地信息交换系统发送信息请求,以获取信息交换数据库中的信息。

(2)权限控制

根据访问身份的不同,三地信息交换系统对通过注册的用户设置了不同的访问权限,以确保系统安全和信息安全。

访问权限不同的用户具有不同的信息获取权限(表6-1)。

2）信息内容的存储、转发及保密机制

三地信息交换系统对交换的信息具有存储、转发及保密的机制。

用户分类与权限的建议　　　　　　　　　　　　　　　表 6-1

用户类型		用户权限	备注
管理员	系统管理员	负责本级用户管理以及对下一级系统管理员管理。包括创建各类申请用户、用户有效性管理、为用户分配经授权批准使用的业务系统、为业务管理员提供用户授权管理的操作培训和技术指导	
	业务管理员	负责本级本业务系统角色制定、本级用户授权及下一级本业务系统业务管理员管理。负责将上级创建的角色或自身创建的角色授予相应的本级用户和下一级业务管理员,为本业务系统用户提供操作培训和技术指导,使其有权限实施相应业务信息管理活动	
注册用户	三地委	获取港珠澳大桥主体工程、香港连接线与口岸、珠海连接线与口岸、澳门连接线与口岸等所有信息	
	港珠澳大桥管理人员	获取港珠澳大桥信息,以及三地连接线与口岸共享信息等	
	香港连接线与口岸管理人员	获取香港连接线与口岸信息,以及主体工程、三地连接线与口岸共享信息等	
	珠海连接线与口岸管理人员	获取珠海连接线与口岸信息,以及主体工程、三地连接线与口岸共享信息等	
	澳门口岸管理人员	获取澳门口岸信息,以及主体工程、三地连接线与口岸共享信息等	
	普通注册用户	由业主部门提出权限申请,系统管理员和相应业务管理员创建用户或者变更权限	
非注册用户		无法访问三地信息交换系统	

(1) 信息内容的存储机制

① 信息存储的数据格式

根据制定的信息交换技术接口标准,三地需要交换的所有信息必须按照预定义的数据格式存储到信息交换数据库中。标准的数据格式是数据交换的基础,是进行数据交换的规则。三地信息交换的数据文件采用 XML 标准格式,XML 是 W3C 协会提出的一个基于文本的、描述结构化数据的、可扩展的标识语言规范,具有扩展性、简单性、开放性、互操作性、多国语言通用性(支持 Unicode)等一系列特点,且独立于平台和应用,非常适合在不同的应用和平台间储存数据与传送信息,已经成为网络信息交换应用最广泛的标准。

如图 6-3 所示,XML 标准格式由声明部分和包体部分组成。声明部分声明了三地信息交换的数据文件符合 XML 1.0 规范;包体部分由数据包描述和交换数据组成,其中交换数据由多条数据记录组成,每条数据记录由交换标准规定的交换数据项组成。

声明	包体

图 6-3　三地信息交换系统 XML 标准格式

三地信息交换系统能根据事先定义的XML标准格式对采集的数据进行全面审查和过滤,支持对每个业务单独设置审查规则,审查规则粒度细化到每个字段,包括类型、范围、长度、枚举、缺省值、特殊字段、字符编码、图像字段许可等。

②信息存储的方式

三地信息交换数据库采用数据仓库技术对信息进行存储。基于大型关系数据库,数据仓库利用XML技术可从异地、异构的数据源和各种数据库提取数据和信息,然后把这些数据转换成预定义的XML数据格式存储到三地信息交换数据库中,作为交换/共享信息,实现对所需信息的便捷检索和查询。

(2)信息内容的转发机制

三地信息交换系统设计为基于XML的数据交换方式。系统设计中采用持久性的数据发布方式,利用XML文档作为数据交换载体,采用消息中间件产品,基于数据总线,按照XML格式进行数据的在线实时交换与存储转发。这种转发机制不会占用大量的网络带宽,可以跟踪事务,并且通过将事务存储到磁盘上实现网络故障时系统的恢复。数据的发送方和接收方无需同时在线,从根本上实现数据传输的异步性和安全性。

消息中间件技术为不同的企业应用系统提供了跨多平台的消息传输,除支持同步传输模式外,还支持异步传输,有助于在应用间可靠地进行消息传输。

(3)信息内容的保密机制

为提高信息传输和交换的安全性,三地信息交换系统需要建立信息内容的保密机制。经过前期调研,三地信息交换系统采用身份认证和数据加密相结合的机制,可有效实现信息传输和交换的安全性。

①身份认证

系统的身份认证功能,可对所有连接系统的计算机身份以及用户身份做有效的认证,用户身份可通过基于PKI技术的硬件令牌并结合PIN码,具有高强度的认证保障。

②数据加密

三地信息交换系统除了建立和完善网络安全措施及手段(防火墙、防病毒等)外,还应该对重要或敏感的传输数据进行数字签名和加密,也可对存储在本地或者移动设备的数据进行强制加密。通过身份验证的用户,根据用户权限不同,可获得系统授予的相应权限的数据解密口令,确保数据交换的安全、可靠和稳定。

3)信息接收流程

如图6-4所示,当三地信息交换系统接收到一条新的交通信息时:

(1)首先要对信息来源进行身份和访问权限认证。对未知身份或没有通过身份认证的信息将拒绝接收,通过身份认证的信息进入下一步。

(2)对接收到的信息进行数据内容验证。对于不属于三地信息交换范围的信息,三地信息交换系统拒绝接收;通过验证的信息进入下一步。

(3)对通过内容验证的信息进行数据格式验证。符合三地既定标准格式的数据直接进入下一步;不符合三地既定标准格式的数据,需要进行标准的数据格式转化,然后进入下一步。

(4)对数据进行签字和加密。

(5)对信息类型进行判定。属于三地信息交换数据库中已有信息的,进入第(6)步;属于新信息的,进入第(7)步。

(6)对三地信息交换数据库中已有的信息进行更新和替换。

(7)将信息存储到三地信息交换数据库中。

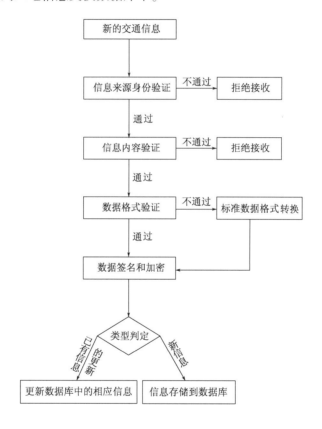

图6-4 三地信息交换系统信息接收流程

4)信息接收的反馈确认机制

三地信息交换系统在完成信息的接收后,需对信息提供方进行反馈确认,包括:

(1)普通信息接收的反馈确认

对于普通信息,三地信息交换系统成功接收后,自动向信息提供方发送确认消息。确认消息是基于XML格式的数据。

(2)重要信息接收的反馈确认

对于重要信息,三地信息交换系统成功接收后,除了自动向信息提供方发送确认消息外,还应通过正式函件的形式进行确认。

6.2.3 三地信息交换系统信息澄清机制

1)信息澄清的触发条件

三地信息交换系统需要对主动发送的信息和请求发送的信息进行更新。

(1)主动发送信息的澄清

对于交通情况简报、公众出行服务信息、安全环保管理信息、事件消息等需要主动发送的信息,三地运营管理部门根据本部门对这些信息的更新频率,即时或定期对三地信息交换数据库中的相应信息进行更新。

例如,事件消息,事件发生后应即时更新到信息交换数据库中;而交通情况简报,可根据需要每天或每周更新一次。

(2)请求发送信息的澄清

对于通行车辆信息、交通监控信息、交通流量数据等信息,采取请求响应的信息发送方式。对于已发送成功的请求信息,如果该条信息出现较大变化,或信息的变化将对信息请求者产生较大影响时,信息提供者应尽快将该条信息更新到三地信息交换数据库中。

例如,当往香港方向的通行车辆信息突然增大时,港珠澳大桥管理局应将该通行车辆信息及时更新到信息交换数据库中,以便香港连接线运营管理部门及时接收到最新的通信车辆信息,从而尽快采取相应的交通控制措施,确保港珠澳大桥的顺利通行,提高大桥的服务水平和公众满意度。

2)信息澄清机制的流程

信息接收方应该建立信息澄清档案,全程记录信息澄清的过程。根据信息澄清触发条件的不同,信息澄清机制的流程可划分为主动发送信息的澄清流程和请求发送信息的澄清流程。

(1)主动发送信息的澄清流程

如图6-5所示,当信息提供者(三地运营管理部门)定期汇总生成一条新的主动发送信息时,就会触发主动发送信息的澄清:

①对三地信息交换数据库中相应的主动发送信息进行

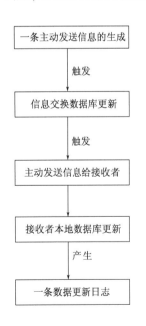

图6-5 三地信息交换系统主动发送信息的澄清流程

更新。

②当信息交换数据库的信息更新完成后,则会自动触发主动信息发送过程,将更新后的这条信息发送给信息接收者。

③接收者对本地数据库中相应的主动发送信息进行更新。

④接收者本地数据库更新后,会生成一条数据更新日志,详细记录该条信息的更新过程,包括信息来源、更新日期等。

(2)请求发送信息的澄清流程

如图6-6所示,当已发送成功的请求信息出现较大变化,或信息的变化将对信息请求者产生较大影响时,就会触发请求发送信息的澄清:

①对三地信息交换数据库中相应的主动发送信息进行更新。

②当信息交换数据库的信息更新完成后,则会自动触发主动信息发送过程,将更新后的这条信息发送给信息接收者。

③接收者对本地数据库中相应的主动发送信息进行更新。

④接收者本地数据库更新后,会生成一条数据更新日志,详细记录该条信息的更新过程,包括信息来源、更新日期等。

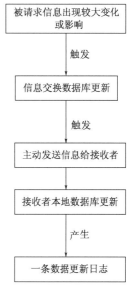

图6-6 三地信息交换系统请求发送信息的澄清流程

6.3 三地信息交换平台设计

6.3.1 信息交换平台设计原则

三地信息交换系统是承载三地之间信息资源交换的信息系统,不同服务模式的业务应用通过使用三地信息交换系统提供的信息交换服务,实现对共享信息资源的访问和操作。

三地信息交换系统构建的基本思想是:采用先进的技术手段对港珠澳大桥运营管理过程中,三地需要共享的信息进行交换处理,为三地提供及时、可靠、高质量的信息交换服务,为相关部门制订交通管理和运输组织方案与科学决策提供依据,并应遵循以下原则:

1)运行模式标准化

信息交换体系的设计必须遵循我国相关部门制定的标准,对安全策略、密码与安全设备选用、网络互联、安全管理等必须符合我国信息安全法律法规,提供统一信息交换接口供应用系统调用,确保各个系统信息交换的一致性,整个系统能安全地互联互通、信息共享。

整合查询、统计系统的查询统计功能,统一使用信息共享平台的查询统计接口,并整合相关权限,做到统一方式、统一口径、统一结果。

2)整体规划设计原则

整个系统为一体化信息交换平台,必须统一规范建设,要求所有功能模块必须为同一厂商统一设计规划开发而并非简单集成。

3)功能的对等性

三地信息交换平台由三地根据统一的标准各自建设和管理,三地信息交换有关部门在信息交换平台中具有相同的功能。

4)良好的可扩展性

通过定义交换协议满足不同的数据交换需求以及未来的发展需要,具有良好的可扩展性。

5)具有开放性

不管是异构的数据库管理系统还是非异构的数据库管理系统,要求都能通过通用的数据抽取(采集、清洗、转换)或同步方法自动地将数据推送至共享数据中心,并做出数据更新报告。

6)便于管理和操作,具有高可靠性

三地信息交换系统应具备强大的日志功能,系统可以记录关键内容修改或大范围内容修改的相关信息并方便数据利用;应具备方便统一的权限设置功能,系统应建立集中的权限设置模块;应具备健全的备份和还原机制,系统应该可以对数据定时备份、增量备份、数据还原,同时也需要系统有相应的备份还原接口,将本系统和第三方系统的备份还原集成到一起。

7)按需共享

在三地信息交换需求分析的基础上,明确共享的信息范围、精度等;能以可视化界面或拖拉等方式,实现对数据共享接口的发布;通过授权,利用提供的通用数据共享接口,可以将共享数据中心的部分或全部数据进行共享和利用,并实时做出数据使用情况报告。

6.3.2　信息交换平台功能需求

1)信息交换

三地信息交换系统是港珠澳大桥管理局与三地运营管理单位之间的内部信息交换系统,主要功能是满足三地信息交换的需求,实现三地之间信息的交换、共享,并为有效应对常规和突发交通状况提供决策支持。因此系统架构应提供定时批量、实时按需等多种方式的数据交换手段,应能支持点到点、点到多点和共享等数据交换需求,对数据交换进行管理和监控。

另外,如果信息交换系统对社会公众开放的话,则为其提供交通信息资源查询、交通动态信息查询、出行选择、出行计划的制定、出行中信息的及时掌握等。

2）信息采集

信息交换系统与三地相关部门形成信息采集机制，通过信息交换平台从三地相关部门汇总信息，对原始信息进行缓存、存储。

3）运行管理

运行管理系统主要提供给信息交换平台的系统管理人员使用，用于保证信息交换平台的安全可靠和高效运行。其功能主要包括面向安全性的用户管理、权限管理、密码管理和日志管理等；面向性能优化的性能监控等；面向实用性的节点管理、交换规则管理和状态监控；其中节点管理包括对业务部门的信息管理。

由于各种共享信息由三地不同的部门提供和使用，为了提高信息的使用效率，必须提供数据统计和分析功能，首先要对共享信息的访问日志进行记录，然后灵活地统计各个部门共享的信息以及访问过的其他部门的共享信息，同时将这些结果汇总，进行各种分析，提高信息的使用效率。

信息交换平台是一个分布式业务处理平台，由多个设备和软件同时运行，为了保证整个平台的高效率运行，必须监控每一台设备上每一种应用程序的运行状态、数据访问流量以及共享信息业务的办理状况，一旦发现异常，立即报告管理人员采取有效措施，恢复系统的正常运行。

4）兼容性和扩张性

一般来说，三地的运营管理部门都有自己管理资源的系统和方式，多是基于关系型数据库，使用大量的表来存储数据。表之间的关系错综复杂、难以管理，可扩展性不强。在这些不同的部门之间交换数据时，格式的统一是一个非常重要的问题。因此三地信息交换系统整体开发遵循 J2EE 平台标准和 XML 交换标准，以基于 XML 格式的元数据管理为基础构建，采用元数据来描述信息交换系统中涉及的所有数据，有良好的平台兼容性，可以应用于 Windows、Linux 和 Unix 系统。

在三地信息交换系统架构中，数据可能来自不同的数据库，并且都有各自不同的复杂格式，但用户与这些数据库间只通过一种标准语言进行交互，那就是 XML。由于 XML 的自定义性及可扩展性，它足以表达各种类型的数据。信息请求者在收到数据后可以进行处理，也可以在不同数据库间进行传递。

5）安全性

系统应具备高安全性，应对系统的数据库安全（含异地备份策略）、传输安全、用户权限控制和系统外接入认证等具备完善、可行的方案，采用成熟的技术和体系结构，采用高质量的产品，并且要具有一定的容灾功能。系统应当详细记录操作日志，以满足审计需求。

系统应具备高稳定性，能支持 24 小时不间断运行，各相关方之间网络故障不会导致系统崩溃，各层级系统可独立运行；当网络恢复后，对数据进行断点续传。系统的某个模块故障不影响到其他模块的正常运行,具备自愈功能,崩溃的模块可以自动重启。系统应该提供自身监控功能,能监控各层级之间连接状况、系统各个模块的运行状况、网络的运行状况、设备故障等信息,以便及时发现问题和解决问题。

系统应具有完善的应急预案机制,在硬件、网络出现故障后,可以进行快速定位,并通过合理的系统恢复方案保证系统的正常运行。

6)实用性

完善友好的定制开发环境支持不同技术层次使用者的使用要求,安装简易、使用简单,有完善的系统参数配置工具和管理控制台。

6.3.3 信息交换平台技术需求

1)采用面向服务体系架构(SOA)

三地信息交换平台是一个复杂系统,须采用面向服务架构(SOA)降低模块之间的耦合度,增强系统的可扩展性。在 SOA 中,具体应用程序的功能是由一些松耦合并且具有统一接口定义方式的组件(服务)组合构建起来的,业务流程和数据处理逻辑不再受制于潜在底层结构的限制。服务在设计时就考虑到集成的需要,服务以及相关的接口必须保持稳定,而且可以被重新设置、整合以满足数据接口上的不断变化。

三地信息交换平台采用面向服务构架(SOA),各个功能模块分别提供不同的服务,通过服务总线集成为用户提供一体化的服务。

2)采用 Web Services 技术

三地信息交换平台的特性决定了应用接口众多,采用 Web Services 技术可以降低应用接口的复杂性。

XML Web Services 既可以在内部由单个应用程序使用,也可通过公开以供任意数量的应用程序使用。由于可以通过标准接口访问,XML Web Services 使异构系统能够作为单个计算网络协同运行。

XML Web Services 的核心特征之一是服务的实现与使用之间的高度抽象化。通过将基于 XML 的消息处理作为创建和访问服务的机制,XML Web Services 客户端和 XML Web Services 提供程序之间除输入、输出和位置之外无须互相了解其他信息。采用 Web 服务技术实现三地信息交换平台与业务系统之间的数据交换和应用整合,使三地信息交换平台具有灵活性和可扩展性。

3)采用 XML 技术

三地信息交换系统应设计为基于 XML(Extensible Markup Language)技术的数据交换方式。系统设计中采用持久性的数据发布方式,利用 XML 文档作为数据交换载体,以文件方式实现数据交换,使得数据的发送方和接收方无须同时在线,从根本上实现数据传输的异步性和安全性。

4）采用大型关系数据库

三地信息交换平台核心部分采用大型关系数据库。

大型关系数据库是以高级结构化查询语言（SQL）为基础,采用安全管理机制,支持共享 SQL 和多线程服务器体系结构,提供了基于角色（ROLE）分工的安全保密管理,支持大量多媒体数据,提供接口工具,支持分布式管理方式,适用于多种应用的高效、可靠、安全的数据管理,包括大负荷的联机事务处理系统及以查询为主的数据仓库应用系统。

大型关系数据库具有高安全性、可扩展性、高性能、高可靠性、可移植性等特色功能。

高安全性主要体现在基于角色与权限的管理方法来实现基本安全功能,并根据安全管理机制,将审计和数据库管理分别处理,同时增加了强制访问控制的功能,另外,还实现了包括通信加密、存储加密以及资源限制等辅助安全功能。

可扩展性主要体现在支持多操作系统、支持 64 位运算、支持多服务器集群等。大型关系数据库支持目前市场上各种流行的 64 位操作系统和处理器,能够充分支持 64 位内存寻址能力和 TB 级的海量数据管理,可以为企业提供高性能的数据管理解决方案。

高性能主要体现在采用封锁机制来解决并发问题,系统提供了多种锁:表锁、行锁和键范围锁,在缺省情况下为行级锁。封锁的实施有自动和手动两种,即隐式上锁和显式上锁。隐式封锁根据事务的隔离级有所不同,由数据库自动执行。同时,提供给用户多种手动上锁语句,用以适应用户定义的应用系统,进一步提高系统的并发性和性能。

高可靠性主要体现在备份与恢复的功能,大型关系数据库可以同时管理多个数据库,物理备份与还原都是以数据库为单位,即备份时需要指定数据库,还原时也只能根据备份的信息还原对应的数据库。支持完全备份/恢复、增量备份/恢复,同时提供了在线和离线进行备份和恢复的功能。

可移植性主要体现在支持各种接口的标准和跨平台的功能实现。大型关系数据库能实现不同操作系统（Windows/Linux/Unix 等）、硬件（X64/X86/SPARC/POWER/TITAM）平台的支持,各种平台上的数据存储结构完全一致。与此同时,各平台的消息通信结构也完全保持一致,使得数据库的各种组件均可以跨不同的软、硬件平台与数据库服务器进行交互。

大型关系数据库支持特色功能包括:全文检索、多字符集支持、物理数据页大小可选、代理服务与作业调度、多媒体和空间信息支持等。

6.3.4 信息交换平台架构设计

三地信息交换系统将相关交通数据以规定的格式和标准传到系统内部,然后对数据进行处理,并在数据存储的同时,根据不同用户主体的信息需求情况制定发布机制,将相应的信息按照规范的协议发布给相应的用户,或者提供多种静态和动态的交通信息查询接口,满足用户的信息交换需求。

为实现信息交换系统的总体功能,设计了系统的内部结构(图 6-7),并据此给出了三地信息交换系统的逻辑框架(图 6-8)。

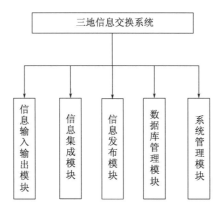

图 6-7　三地信息交换系统内部结构

1)信息输入/输出模块

信息输入/输出模块通过标准输入接口,按照一定的格式和规则将三地数据信息汇集接入信息交换数据库,实现三地信息交换系统对交通信息的输入,并提供对信息交换数据库的多方式、综合信息查询服务。同时,通过输出接口对三地信息交换系统与三地之间进行数据交换,按照接口规范进行标准化处理及转换,如数据结构、数据类型、数据流向等,与三地信息交换系统进行互联互通,最终实现三地信息交换系统与三地之间交通信息的输入输出。

2)信息集成模块

信息集成模块通过对输入的数据进行整理、分类、搜索、分析和统计等信息集成处理,形成用户所需的数据结果,以多样化的手段呈现出来,并根据权限不同将结果按需、按事件自动传递给相关人员,实现信息的有效组织和管理。

3)信息发布模块

信息发布模块主要通过标准的通信接口和一定的协议,承担三地信息交换系统与三地之间的数据传输、信息发布等功能,建立简单、可控、易识别的共用信息发布通道。

4)数据库管理模块

数据库管理模块负责对信息交换数据库中的历史数据、实时数据、融合信息数据、发布数据等进行数据检索、分析、维护和存储等管理。该模块将三地经常使用的数据存储在三地信息交换系统的主数据库中,并将交通信息数据按地理分布由所归属的信息交换系统接入并存放,以便将使用频率较低的数据存放在信息交换系统的区域数据库中。

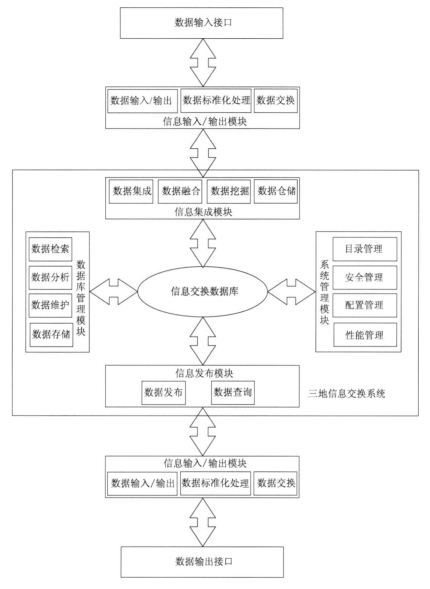

图 6-8 三地信息交换系统逻辑框架

5) 系统管理模块

系统管理模块包括目录管理、安全管理、配置管理和性能管理。其中,目录管理主要包括管理数据信息、安全信息、Web 服务信息等主要内容,不同用户的资源目录树是可以定制和修改的,具有很好的个性化,并且每个目录分支的信息内容、状态是动态更新的;安全管理中的权限具有多样性,不仅包括系统平台上的具体操作,还包括信息的可见性、数据有关的权限信息,通过用户、角色、权限三者形成三级管理方式,使得安全部分伸缩性很大,易于扩展和管理;配置管理和性能管理则负责各模块的配置,协调模块之间的交互,管理平台日志,监控信息交换系统内部各模块重要硬件设备、软件进程、系统资源的运行使用状况及有关环境状态,收集管理有关的故障信息,并对系统整体运行状况进行评估分析和维护。

本章参考文献

[1] 闫凤良. 城市交通信息共享平台的设计及其信息交换技术的研究[D]. 北京:北京交通大学,2007.

[2] 李瑞敏,陆化普,史其信. 综合交通信息平台发展状况与趋势研究[J]. 公路交通科技,2005,22(4):90-94.

[3] 窦军. 单层用户数据交换平台体系结构研究[D]. 成都:西南交通大学,2011.

[4] 李媛. 基于Web服务的SOA在信息交换系统中的设计与实现[D]. 武汉:武汉理工大学,2009.

[5] 袁磊,李帅. 基于Web Services的异构系统信息交换的实现[J]. 计算机技术与发展,2008,18(12):8-10.

[6] 杨扬,陈幼林,张锦. 基于XML的公共交通信息数据交换研究[J]. 昆明理工大学学报(理工版),2006,31(2):107-110.

第7章 跨界交通管理信息交换内容

跨界交通管理信息交换包括日常情况下的信息交换、紧急事件下的信息交换和跨界交通控制中的信息交换三部分。本章在分析跨界交通管理信息交换的类型和手段的基础上，重点梳理了每一部分信息交换的内容，提出了信息交换事件消息的一般格式。

7.1 信息交换的类型

三地需要交换的信息类型包括以下三类：

1) 计算机数据

数据类型的信息交换包括：
(1) 事件消息，如交通事故事件消息、火灾事故事件消息、低能见度事件消息等；
(2) 交通流数据，包括交通量、交通量采集断面方向及桩号、交通量采集时间、放行车辆；
(3) 交通控制信号，包括可变情报板和标志的运行状态及健康状态；
(4) 收费信息，包括车辆的基本信息和统计信息等；
(5) 交通情况简报；
(6) 气象信息；
(7) 图片。

所有的数据业务，均以文件为最小业务传输单元，以 XML 为编码语言，即每个数据业务，其最小传输与交换单位均为一个 XML 文件。

2) 电话

包括内线直连电话和三方均参与的电话会议，语音数据的传输采用 PCM 方式。

3) 音视频

音视频业务基于多媒体技术，通过 TCP/IP 协议封装业务数据，采用标准 H.264 进行数据编码，基于 SIP 协议实现图像的交换与调用。

7.2 信息交换的手段

三地进行信息交换的手段主要包括五类：

(1)信息交换系统；

(2)电话/传真；

(3)邮件；

(4)往来公文；

(5)会议。

一般来说,建设期主要通过第(2)~(5)类的手段进行信息交换；港珠澳大桥开通运营后,则主要通过第(1)类和第(2)类的手段进行信息交换。

7.3 日常情况下的三地信息交换

港珠澳大桥运营期日常管理中的三地信息交换内容,与港珠澳大桥的日常管理功能密不可分。根据《港珠澳大桥建设、运营、维护和管理三地协议》的规定,港珠澳大桥建成通车后,港珠澳大桥管理局作为项目法人将负责主体部分的运营、维护和管理的组织实施工作。

7.3.1 收费管理中的三地信息交换

港珠澳大桥与三地共享/交换通过港珠澳大桥收费站的车辆信息,包括：

(1)所有通行车辆的基本信息,包括车牌号码、车辆经过收费车道时的图像抓拍。

(2)统计信息,包括不同时间段内通过收费站的车辆数量(例如小时交通量)、内地车辆数量、香港车辆数量等。

(3)超载超重超高车辆信息,包括车牌号码、车辆经过收费车道时的图像抓拍、经过收费站的日期时间等、整车质量、整车长度-高度-宽度。

(4)危化品车辆信息,包括车牌号码、车辆经过收费车道时的图像抓拍、经过收费站的日期时间、装载危化品种类名称等。

7.3.2 交通管理中的三地信息交换

港珠澳大桥与三地共享/交换日常交通管理信息的内容包括：

(1)交通监控信息,包括实时交通流量、视频监控图像、超速车辆图像抓拍、交通异常自动事件检测信息、交通控制信号(包括可变情报板和标志的运作状态及健康状态)等。

(2)实时气象数据,包括大桥及三地风速、能见度等实时气象数据。

(3)桥下船舶航行与作业情况的监控管理信息,包括航道实时监控图像、航道异常事件检测信息、VTS 信息等。

(4)交通情况简报。

(5)公众出行服务信息,包括大桥简介、大桥交通组织方案、大桥应急措施及自救方法、大桥观光及餐饮服务信息、大桥通行收费信息等。

7.3.3 安全环保管理中的三地信息交换

港珠澳大桥与三地共享/交换日常安全环保管理信息包括:

(1)定期风险评估与防范信息查询,包括风险识别信息、风险分析和风险评价、控制风险的措施及管理等方面信息的查询。

(2)安全责任事故处理信息查询,包括现场勘查记录信息、事故分析记录、拟定改进措施、事故调查报告等信息的查询。

(3)白海豚监测信息交互:

①当监测到破坏中华白海豚资源及生存环境的行为时,及时向相关部门通报;

②监测发现受伤、搁浅和因误入港湾而被困的白海豚时,应当及时采取紧急救护措施并报告相关部门处理;

③因发生事故或者其他突发性事件,造成或者可能造成保护区污染或者其他破坏的,及时向相关部门报告。

(4)废弃物安全排放情况信息查询包括:

①生活垃圾排放情况汇报:生活垃圾主要来源;垃圾成分及产生量;垃圾收集方式;垃圾处理方式及比例;存在的问题及改进措施;

②工业固体废弃物排放状况汇报:固体废弃物种类;排放量;累计堆存量及堆存地点;综合利用比例;安全处理比例;排放进入环境比例;存在的问题及改进措施;

③海洋危废排放情况汇报:海洋危废经营许可证颁发情况;海洋危废排放审批情况;废弃物排放种类及数量;废弃物排放地点及方式。

安全环保管理中三地其他部门对管理局的信息交换内容见表 7-1,管理局对三地其他部门的信息交换内容见表 7-2。

安全环保管理中三地其他部门对管理局的信息交换内容　　表 7-1

信息发送单位	信息接收单位	信息内容	信息交换方式	信息传输媒介	业务类型
管理局	三地环保部门	安全环保管理信息	主动发送	信息交换系统+电话	数据
	三地委	安全环保管理信息	主动发送	信息交换系统+电话	数据
	新闻媒体	安全环保管理信息	请求响应	信息交换系统	数据

安全环保管理中管理局对三地其他部门的信息交换内容　　表 7-2

信息发送单位	信息接收单位	信息内容	信息交换方式	信息传输媒介	业务类型
三地环保部门、三地委	管理局	安全环保管理信息	主动发送	信息交换系统+电话	数据

7.3.4　主体结构及设施维护中的三地信息交换

主体结构及设施维护中的三地信息交换内容包括：

(1) 港珠澳大桥定期与三地交换大桥检修、桥面检测与巡检、通道维护等工程施工信息。

(2) 港珠澳大桥定期与三地交换小修/中修/大修及改建工程信息等。

7.4　紧急事件下的三地信息交换

7.4.1　危险源监控过程中的信息交换

港珠澳大桥管理局、香港连接线、香港口岸、珠海连接线、珠海口岸和澳门口岸等三地有关部门，应通过三地信息交换系统和电话，实时共享危险源监控信息，包括但不限于：

(1) 通过自动监控系统、监控室值班人员、巡逻人员采集到的异常交通事件、环境、隧道观景监测、恐怖事件、驾驶员和其他人员的报警信息等。

(2) 政府部门公开发布和特定推送的预警预报信息（如气象灾害预警、地质灾害预警等）。

(3) 大桥及三地气象信息。

(4) 通过 VTS 船舶交通管理系统采集预警警示信息。

(5) 重特大事件的风险评价报告。

(6) 交通事故、偷渡边检等信息。

(7) 香港、珠海、澳门三地海事、边防、医疗、飞行救助、消防等相关部门发来的信息。

(8) 三地警方发来的信息。

(9) 新闻媒体发来的相关信息。

7.4.2　事故报告与处置过程中的信息交换

1) 内部信息报告

港珠澳大桥内部信息报告的范围包括港珠澳大桥管理局、香港连接线、香港口岸、珠海连接线、珠海口岸和澳门口岸。

内部信息报告要求事故属地单位在发现事故后，立即将事故基本信息通知到其他单位的应急工作组，并应在 1h 内，将"事故快报"发送给其他单位的应急工作组。

《事故快报》的内容包括：

（1）事故发生的时间、地点以及事故现场情况。

（2）事故的简要经过。

（3）事故已经造成或者可能造成的伤亡人数（包括下落不明的人数），已经或者可能影响的范围和程度，初步估计的直接经济损失等。

（4）已经采取的措施。

2）外部信息报告

外部信息报告是对事故属地单位将事故信息上报属地政府主管部门和三地委应急协调工作组提出时限和内容要求。

（1）发生事故后，事故属地单位应按照有关规定及时将事故基本信息发送给属地政府主管部门。

（2）同时，事故属地单位应及时将事故情况报告港珠澳大桥三地联合工作委员会应急协调工作组，并根据事故态势，每天更新事故信息。

（3）事故属地单位报告三地委应急协调工作组时，需在报告最后注明联系人，包括电话、传真、电邮等信息。

（4）属Ⅰ级响应的事故，经由三地委应急协调工作组上报三地政府。

3）事故信息报告流程

事故信息的报告流程如图7-1所示。

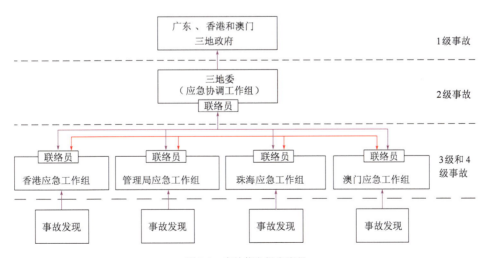

图7-1 事故信息报告流程

7.4.3 应急响应过程中的信息交换

事故发生后，事故属地单位的应急工作组向应急工作小组和应急专家咨询小组发送应急指令,并根据不同紧急事件(包括低能见度、强风、交通事故和火灾)的应急响应级别,与三地有关部门完成事件的确认、事件信息上报、联动应急处置预案执行、事件处置完成后的报告等信息的交换。具体内容详见本书第 5 章。

7.4.4 信息发布过程中的信息交换

1)信息发布内容

(1)事故及应急救援相关信息。

(2)地方政府等上级领导的指示。

(3)应急处置工作进展情况。

(4)下一步的工作计划。

(5)需要说明的有关问题。

2)信息内容的审核

原则上,新闻发布材料首先经事故属地单位的应急工作组总指挥审定,然后经三地委同意后,方可对外发布。

紧急情况下,新闻发布材料可由事故属地单位的应急工作组总指挥审定并通报三地委后直接对外发布。

7.5 跨界交通控制中的三地信息交换

本节首先提出了港珠澳大桥三地信息交换事件消息的一般格式,然后针对港珠澳大桥五大类交通事件,本节在设施结构事件、交通运营事件中分别选择其中的典型事件,分析紧急事件发生后跨界交通控制中的三地信息交换。其他类型交通事件跨界交通控制中的三地信息交换与此类似,而且在前文已经有详细的介绍,本节不再赘述。

7.5.1 信息交换事件消息的一般格式

港珠澳大桥三地之间的信息交换主要以事件消息的形式进行,为便于三地之间的信息交换,三地之间相互交换的事件消息应该有一个固定的格式。该格式经三地相关部门达成一致后,应作为三地之间信息交换的基本模式,三地之间任何事件的信息交换都应遵循该模式。

通过对运营期紧急事件和运营期跨界交通控制等事件消息所含的信息需求进行汇总整理,为了尽可能完整、准确地描述事件消息,根据前文三地信息交换需求分析的研究内容,本报告提出了港珠澳大桥三地信息交换事件消息的一般格式,如表 7-3 所示。

三地信息交换事件消息的一般格式 表7-3

事件类别	事件等级	事件时间	事件地点	事件内容	影响范围	持续时间	交通控制措施

从表7-3可以看出,事件消息的基本格式包括八部分:

(1)事件类别:指出事件的名称,如低能见度、火灾等。

(2)事件等级:明确事件的等级,事件等级分为一级、二级、三级。

(3)事件时间:明确事件的发生时间。

(4)事件地点:指出事件发生的位置,如有条件,可给出具体的桩号。

(5)事件内容:描述事件的基本内容,如能见度100m等。

(6)影响范围:简述事件的大致影响范围,例如,可以给出受事件影响的起止桩号、行车方向等。

(7)持续时间:给出受事件影响区域,其受影响的持续时间,例如,可以给出开始时间和结束时间。

(8)交通控制措施:简述事件发生后的交通控制措施,尤其应指出粤港(粤澳)分界线附近的交通控制措施。

7.5.2 设施结构类事件下的三地信息交换

1)养护事件

养护事件交通控制响应等级分为四级,由低到高分别Ⅳ级、Ⅲ级、Ⅱ级和Ⅰ级。

(1)Ⅰ级养护事件

当发生Ⅰ级养护事件,需全桥封闭施工时,管理局需提前7天将事件信息通报三地委、广东省交通运输厅、珠海交通运输局、香港运输署、澳门交通事务局、珠海连接线、珠海口岸、香港连接线、香港口岸、澳门口岸,然后告知珠海市交警,由交警负责交通控制。连续7天通过各方电视台、交通广播电台、广东省联网收费中心告知驾驶员,港珠澳大桥封路施工,请驾驶员绕道行驶,并同时通告驾驶员港珠澳大桥交通管制可能持续的时间。

(2)Ⅱ级养护事件

当发生Ⅱ级养护事件,需大桥半幅路面封闭施工时,管理局需提前7天将事件信息通报三地委、珠海连接线、珠海口岸、香港连接线、香港口岸、澳门口岸,然后告知珠海市交警,由交警负责交通控制。连续7天通过电视台、交通广播电台、广东省联网收费中心告知驾驶员,港珠澳大桥半幅路面封路施工,通行能力受限,口岸进行流量限制,请驾驶员考虑绕道行驶或根据大桥上控制信息变换车道,谨慎慢行通过大桥施工区。同时珠海连接线、香港连接线、澳门口岸配合大桥的控制策略发布诱导信息,使驾驶员提前预知大桥的通行状况。

(3) Ⅲ级养护事件

当发生Ⅲ级养护事件,需 2 条行车道封闭超过 2km 或高于 8h,管理局需提前 3 天通知珠海连接线、香港连接线、澳门口岸。连接线通过可变情报板预告驾驶员,3 天后港珠澳大桥部分车道施工。在施工过程中珠海连接线、香港连接线、澳门口岸发布大桥部分路段施工信息、大桥的通行状况,请驾驶员注意大桥上可变情报板信息提示,按指令变换车道,谨慎慢行通过大桥施工区。

(4) Ⅳ级养护事件

当发生Ⅳ级养护事件,需 2 条或以下行车道封闭低于 8h,管理局需提前 3 天通知珠海连接线、香港连接线、澳门口岸。连接线通过可变情报板预告驾驶员,3 天后港珠澳大桥部分车道施工。在施工过程中珠海连接线、香港连接线、澳门口岸发布大桥部分路段施工信息、大桥的通行状况,请驾驶员注意大桥上可变情报板信息提示,按指令变换车道,谨慎慢行通过大桥施工区。

养护事件消息内容见表 7-4。

养护事件消息　　　　表 7-4

事件类别	事件等级	事件内容	事件地点	影响范围	持续时间	交通控制措施
养护事件	Ⅰ级	港珠澳大桥封路施工	待定	全线	待定	全桥封闭
	Ⅱ级	港珠澳大桥半幅路面封路施工	待定	待定		请驾驶员考虑绕道行驶或根据大桥上控制信息变换车道
	Ⅲ级	2 条行车道封闭超过 2km 或高于 8h	待定	待定		请驾驶员根据大桥上控制信息变换车道等
	Ⅳ级	2 条或以下行车道封闭低于 8h	待定	待定		请驾驶员根据大桥上控制信息变换车道等

注:①事件消息是对等的,不管事件消息发生在管理局辖区还是三地连接线辖区,事件属地部门都应按照此格式将该事件消息发送给三地相关的非属地部门。

②表格中的最后一项"交通控制措施",事件属地部门和非属地部门填写的内容不同:事件属地部门填写的是事件发生地采取的交通控制措施;非属地部门填写的是收到属地部门发来的事件消息后对本辖区采取的应对交通控制措施,其中包括对属地部门的援助措施(如果有)。

③其他事件消息与此类似,不再对其他事件消息的表格进行备注解释。

2)主体损坏事件

主体损坏事件交通控制响应等级分为两级,由低到高分别Ⅱ级和Ⅰ级。

(1) Ⅰ级主体损坏事件

当突发Ⅰ级主体损坏事件,导致全幅路面封闭时,监控中心主任负责确保将大桥发生主体损坏事件的情况(等级、发生时间、地点、预计处理时间等信息)告知管理局应急工作组和珠海市交警,由交警负责现场交通管理,同时向大桥三个救援站和主线收费站发布主体损坏事件信息。

监控中心立即通知香港连接线、香港口岸、珠海连接线、珠海口岸、澳门口岸,并通过管理局应急工作组联络员将事故信息与控制需求告知香港、珠海、澳门三地联络员,进而通知三地交通管理部门、电视台、交通广播电台进行紧急信息通报,阻止车辆继续驶向港珠澳大桥。

全桥范围可变情报板显示"大桥封闭,调头返回"(视需要可调整),同时路侧和隧道广播重复语音播报,大桥上滞留车辆在路政及巡逻车辆引导下驶离,限速20km/h压速开道。监控人员对大桥进行监视,确保所有车辆驶离大桥后,将全部车道使用信号灯变为红交叉。

(2)Ⅱ级主体损坏事件

当突发Ⅱ级主体损坏事件,导致半幅路面封闭时,监控中心主任负责确保将大桥发生主体损坏事件的情况(等级、发生时间、地点、预计处理时间等信息)告知管理局应急工作组和珠海市交警,由交警负责现场交通管理,同时向大桥三个救援站和主线收费站发布主体损坏事件信息。

监控中心立即通知香港连接线、香港口岸、珠海连接线、珠海口岸、澳门口岸,并通过管理局应急工作组联络员将事故信息与控制需求告知香港、珠海、澳门三地联络员,进而通知三地交通管理部门、电视台、交通广播电台进行紧急信息通报,告知驾驶员大桥半幅路面或两条车道封路施工,大桥进行流量限制,通行缓慢,请驾驶员考虑绕道行驶或根据大桥上控制信息变换车道,谨慎慢行通过大桥事故区。

需打开的中央分隔带开口上游可变情报板显示"前方××公里封闭车道施工,注意变换车道"(视需要可调整)。当事故区域车道全部封闭,借用对向一条车道通行时,为保证行车安全,对向车道限速80km/h。当事故区域侧有一条车道可供通行时,其车道限速40km/h,其他车道封闭,被阻塞车辆换道通行。

突发主体损坏事件消息内容见表7-5。

突发主体损坏事件消息 表7-5

事件类别	事件等级	事件内容	事件地点	影响范围	持续时间	交通控制措施
突发主体损坏	Ⅰ级	主体损坏,导致全幅路面封闭	待定	全线	待定	全桥封闭
	Ⅱ级	主体损坏,导致半幅路面封闭	待定	待定		事件区域对向车道限速80km/h,事件区域限速40km/h

7.5.3 交通运营类事件下的三地信息交换

1)交通异常拥堵

(1)Ⅰ级交通拥堵事件

当发生Ⅰ级事件,大桥上车辆行驶缓慢,出现严重堵塞,堵塞路段长3km以上时,监控中心在对事件等级做出判断后,立即上报管理局应急工作组,组织养护人员和交通指挥人员赶赴事故现场进行交通疏导、避免发生事故或二次事故,监控中心与事故现场应保持通信畅通。

同时监控中心立即通知珠海连接线、珠海口岸、香港连接线、香港口岸、澳门口岸。为使堵塞路段范围不扩大,口岸暂时封闭。珠海连接线、澳门口岸告知驾驶员口岸暂时封闭,请绕行其他路线或耐心等待。香港连接线对大桥的通行状态信息实时发布,并引导驾驶员慢速行驶。

管理局应急工作组联络员立即通知三地委及香港、珠海、澳门应急工作组联络员和广播媒体,告知驾驶员港珠澳大桥出现严重拥堵事件,口岸暂时封闭,大桥车流行驶缓慢,请驾驶员考虑绕道行驶或耐心等待,在交通指挥员引导下缓慢通行。

堵塞区域后方可变情报板显示"前方堵塞,小心慢行",并进行合理限速。待拥堵区消散后,限速恢复正常。

(2) Ⅱ级交通拥堵事件

当发生Ⅱ级事件,大桥上车辆行驶缓慢,出现严重拥堵,拥堵路段长1km以上时,监控中心在对事件等级做出判断后,立即上报管理局应急工作组,组织养护人员和交通指挥人员赶赴事故现场进行交通疏导、避免发生事故或二次事故,监控中心与事故现场应保持通信畅通。

同时监控中心立即通知珠海连接线与珠海口岸、香港连接线、香港口岸、澳门口岸港珠澳大桥发生严重拥堵事件,为使拥堵区域得到缓解,口岸进行流量限制,连接线对大桥拥堵事件进行信息发布,告知驾驶员前方道路情况,并适度进行车速控制。

管理局应急工作组联络员立即通知三地委和广播媒体,告知驾驶员港珠澳大桥出现严重拥堵事件,大桥口岸进行流量限制,大桥车流行驶缓慢,请驾驶员考虑绕道行驶或耐心等待,在交通指挥员引导下缓慢通行。

拥堵区域后方可变情报板显示"前方拥堵,小心慢行",并进行合理限速。待拥堵区消散后,限速恢复正常。

(3) Ⅲ级交通拥堵事件

当发生Ⅲ级事件,大桥上车辆行驶缓慢,出现拥堵,拥堵路段长度小于1km,但拥堵范围有扩大的可能时,监控中心在对事件等级做出判断后,立即上报管理局应急工作组,组织养护人员和交通指挥人员赶赴事故现场进行交通疏导、避免发生事故或二次事故,监控中心与事故现场应保持通信畅通。

同时监控中心通知珠海连接线、香港连接线、澳门口岸配合大桥的控制策略发布诱导信息,使驾驶员提前预知大桥的通行状况。告知驾驶员大桥部分路段发生拥堵,通行缓慢,请驾驶员注意信息提示,降速行驶。

拥堵区域后方可变情报板显示"前方拥堵,小心慢行",限速60km/h。待拥堵区消散后,限速恢复正常。

交通异常拥堵事件消息所含的信息内容见表7-6。

交通异常拥堵事件消息 表7-6

事件类别	事件等级	事件内容	事件地点	影响范围	持续时间	交通控制措施
交通异常拥堵	Ⅰ级	堵塞路段超过3km	待定	全桥	待定	口岸暂时封闭
	Ⅱ级	堵塞路段超过1km	待定	待定		口岸进行流量限制
	Ⅲ级	出现拥堵并且有扩大的可能	待定	待定		限速60km/h

2) 海上交通事件

(1) Ⅰ级海上交通事件

当突发Ⅰ级海上交通事件,造成大桥坍塌,交通中断时,监控中心在获取事故信息后,立即上报管理局应急工作组和广东海事局,组织养护人员和交通指挥人员赶赴事故现场,在事故现场周围摆放交通安全锥、移动式交通标志,截断通往垮塌路段的交通流,避免发生车辆坠海事故,监控中心与事故现场应保持通信畅通。

同时监控中心通知连接线、口岸管理部门,口岸立刻封闭,连接线通过广播、可变情报板等告知驾驶员大桥发生坍塌事故,无法通行,诱导驾驶员更改行车路线,在合适的位置调头返回。避免车流在口岸或连接线集聚,造成阻塞,难于疏导。

管理局应急工作组联络员立即通知三地委及香港、珠海、澳门应急工作组联络员,并通过电视台、交通广播电台进行紧急信息通报,阻止车辆继续驶向港珠澳大桥,并对车辆的行驶路线进行诱导,避免驾驶员不知所措半路停车,造成车流拥堵,影响城市或干线路网的正常交通。

大桥上中央分隔带开口打开,事故区后方的可变情报板显示"前方封路,调头返回",车道指示灯箭头变换方向,正确引导驾驶员。

(2) Ⅱ级海上交通事件

当突发Ⅱ级海上交通事件,造成大桥半幅路面坍塌或严重损坏无法承载车辆,交通中断时,监控人员应立即上报管理局应急工作组和广东海事局。组织应急救援队伍、养护人员和交通指挥人员赶赴事故现场,在大桥坍塌两端摆放交通安全锥、移动式交通标志,截断通往损坏路段的交通流,避免车辆坠海,监控中心与事故现场应保持通信畅通。

同时监控中心通报珠海连接线与珠海口岸、香港连接线、香港口岸、澳门口岸,大桥发生交通事故,口岸进行流量限制,并禁止载重货车通行。珠海连接线立即对大桥事件进行通报,告知驾驶员大桥发生严重事故,载重货车禁止通行,口岸限流通关。货车驾驶员从前方互通出口或中分带开口调头驶离连接线,更改线路。小客车按桥上控制信息慢速行驶,确保行车安全。

香港连接线、澳门口岸通过广播、可变情报板等告知驾驶员大桥发生严重事件,载重货车无法通行,在中分带开口或东西人工岛调头返回。小客车低速行驶,借用对向车道通行。

管理局应急工作组联络员立即通知三地委及香港、珠海、澳门应急工作组联络员,并通过电视台、交通广播电台、广东省联网收费中心进行紧急信息通报,禁止载重货车驶向港珠澳大桥。

事故区域后方可变情报板显示"载重货车禁行、前方调头""小型车注意变换车道",并降低限速为60km/h,中分带开口打开,借用对向一条车道通行,为保证行车安全,对向车道限速80km/h。

(3) Ⅲ级海上交通事件

当突发Ⅲ级海上交通事件,造成大桥桥墩损坏,承载力下降,无法承载重型车辆时,监控人员对事件做出判断后,应立即上报管理局应急工作组,养护人员和交通指挥人员赶赴事故现场组织交通。考虑到大桥承载力降低,损坏路段禁止载重货车通行。事故区后方可变情报板显示"载重货车禁行、前方调头",小客车限速60km/h。中分带开口打开,以便载重货车调头返回。

管理局监控中心通知管理局应急工作组、珠海连接线、香港连接线、澳门口岸管理部门。管理局应急工作组联络员立即通知三地委及香港、珠海、澳门应急工作组联络员,并通过电视台、交通广播电台进行紧急信息通报。禁止载重货车驶向港珠澳大桥。连接线通过广播、可变情报板等告知驾驶员大桥发生碰撞事故,承载力降低,载重大货车无法通行,在中分带开口或东西人工岛调头返回。小客车以60km/h低速通行。

海上交通事件消息所含的信息内容见表7-7。

海上交通事件消息 表7-7

事件类别	事件等级	事件内容	事件地点	影响范围	持续时间	交通控制措施
海上交通事故	Ⅰ级	大桥发生坍塌事故,无法通行	待定	全桥	待定	全桥和口岸封闭
	Ⅱ级	大桥半幅路面坍塌或严重损坏无法承载车辆,交通中断	待定	待定		载重货车禁行,小客车限速60km/h
	Ⅲ级	大桥桥墩损坏,承载力下降,无法承载重型车辆	待定	待定		载重货车禁行,小客车限速60km/h

本章参考文献

[1] 许焱,杨孝宽,刘小明,等. 2008年奥运会交通紧急事件管理系统(EMS)规划[J]. 北京工业大学学报,2005(5).

[2] LOGI F,RITCHIE S G. Development and evaluation of a knowledge based system for traffic congestion management and control [J]. Transportation Research Part C,2001,9(6):433-459.

图书在版编目(CIP)数据

港珠澳大桥跨界交通管理/刘谨等编著. — 北京：人民交通出版社股份有限公司, 2018.3
ISBN 978-7-114-14622-0

Ⅰ.①港… Ⅱ.①刘… Ⅲ.①交通管理—研究—中国 Ⅳ.①D631.5

中国版本图书馆 CIP 数据核字(2018)第 057828 号

"十三五"国家重点图书出版规划项目
交通运输科技丛书·公路基础设施建设与养护
港珠澳大桥跨海集群工程建设关键技术与创新成果书系
国家科技支撑计划资助项目(2011BAG07B05)

书　　名：	港珠澳大桥跨界交通管理
著 作 者：	刘　谨　张　昊　苏权科　葛　涛　孔雷军　等
责任编辑：	周　宇　潘艳霞　等
责任校对：	刘　芹
责任印制：	张　凯
出版发行：	人民交通出版社股份有限公司
地　　址：	(100011)北京市朝阳区安定门外外馆斜街 3 号
网　　址：	http://www.ccpress.com.cn
销售电话：	(010)59757973
总 经 销：	人民交通出版社股份有限公司发行部
经　　销：	各地新华书店
印　　刷：	北京雅昌艺术印刷有限公司
开　　本：	787×1092　1/16
印　　张：	11.5
字　　数：	223 千
版　　次：	2018 年 3 月　第 1 版
印　　次：	2018 年 3 月　第 1 次印刷
书　　号：	ISBN 978-7-114-14622-0
定　　价：	80.00 元

(有印刷、装订质量问题的图书,由本公司负责调换)